뉴욕의 그림 그리는
치과 의사

뉴욕의 그림 그리는 치과 의사

1판 1쇄 발행 | 2022년 10월 11일

지은이 강영진 | 펴낸이 박우현 | 펴낸곳 봄날의 느낌
편집 박서, 곽종구, 안경호 | 디자인 박재은, 유광수
마케팅 김경옥, 김태준, 남궁 준 | 등록 제307-2011-58호
주소 서울시 마포구 잔다리로 120 303호 (서교동, 성동빌딩)
전화 02-747-1577 | 팩스 02-747-1599
메일 logici777@hanmail.net
ISBN 978-89-967397-4-6 03810

뉴욕의 그림 그리는 치과 의사

강영진 지음

추천사

‘경계를 넘는(beyond borders)’ 삶을 살아온 강영진 작가의 이야기는 한 가족의 서사이지만, 근현대와 이민의 굴곡진 시대를 살아낸 우리 모두의 이야기에 한층 가깝다. 보스톤 한인 교회에서 처음 만난 그는 명문 치의학 대학원을 다니던 꿈 많은 유학생이었지만 마음을 울리는 노래를 할 줄 아는 아주 ‘특별한’ 바리톤이자 지휘자였다. 따뜻한 마음과 타고난 공감 능력의 소유자로 그는 지역의 이민자들과 유학생들의 기억에 오래 남는, 그래서 30년이 지난 지금도 뉴욕에 가면 꼭 찾는 그런 친구가 되었다.

몇 년 전부터 그는 소셜 미디어에 자신의 그림과 설명, 볼 만한 전시회 평을 올리기 시작했으며, 한국과 미국의 경계를 넘나드는 시사평으로 큰 공감대를 불러일으키며 두터운 독자층을 가진 작가로 제2의 인생을 만들어갔다. ‘어머니의 서재’에서 영향을 받은 ‘담백하지만 시원하고 정감 있는 글쓰기’는, 구순(九旬)의 아버지와 여행하며 느낀 이야기를 우리나라 대표 일간지에 연재하며 정점을 맞는다. 생각해보니 그는 ‘경계를 넘는 경험이 예술가들을 가장 창의적으로 만든다’고 주장한 문학비평가 호미 바바Homi Bhabha를 증거한다.

우리를 노래로, 그림으로, 그리고 글로 감동 있게 그려낸 그의 이야기는 꿈을 이루기 위해서 뒤돌아봄 없이 앞으로만 달려온 이 시대의 부모들과 우리들의, 피곤했지만 서로 위로할 수 있는 가족과 공동체가 있어 행복했던 삶을 돌아보게 만들며 마음 깊숙히 정화시킨다. 우리 모두를 대신해 이 아름다운 서사를 써준 강영진 작가가 참 고맙다!

– 채현경, 음악학자, 이화여대 명예 교수

의사가 본업이지만 어릴 적부터 꿈꿔왔던 화가의 길도 가고 있는 작가의 모습이 멋지다. 어릴 적부터 책을 가까이하고 어머니와 편지로 소통하는 모습이 한 편의 영화를 보는 듯하다.

– 은대웅, 파리의 무역 회사 대표

자신의 자랑이 아니라 살아온 느낌과 경험을 나누고 싶은 진솔한 마음과 비범한 재능이 엿보인다. 글로 표현된 적나라한 삶이 추하지 않고 고귀한 이유는 그가 풍기는 멋진 향취 때문일 것이다. 오랜 고교 동기로 가까이에서 아직도 성장하고 있는 친구를 지켜보는 기쁨을 느낀다.

– 고계옥, 캘리포니아 친구

치과 의사이자 그림을 사랑하는 작가가 쓴 감동 깊은 인생 이야기. 이 이야기 속에는 가족 간의 따뜻한 사랑, 유학 생활 동안의 어려움, 자녀에 대한 교육관, 70년대까지 한국에서 겪은 경험, 이민 생활, 치과 의사가 되기까지의 과정 등 작가의 많은 사연이 깃들어 있을 뿐만 아니라 작가가 추구하는 예술의 세계도 펼쳐져 있다. 지금까지 살아온 이야기를 서술한 이 책을 읽음으로써 우리는 작가의 진실된 삶과 폭넓은 인문학적 소양도 만날 수 있다. 이 책을 통해 편견 없이 세상을 넓게 바라보는 작가의 마음을 만날 수 있기를 기대하며 일독을 권한다.

– 이현규, 콜럼비아 대학교 한국어 프로그램 전임강사

강영진 박사의 글에는 골목길 풍경이 들어 있다. 어릴 적 놀이터였던 골목길에는 어머니의 눈길, 동무들과의 즐거웠던 추억, 친구들과 골목을 사이에 두고 벌인 영역 다툼 등을 그려냈던 골목길 풍경이다. 과거의 보호자였던 아버지와 현재의 보호자가 된 아들의 동지적 여행기는 오래전에 화진포 어느 여인숙의 작은 창을 통해 내가 아버지와 함께 보았던 아쉬웠던 바다를 생각나게 했다. 이 책을 읽고 나는 작가에게 부러움과 존경을 보낸다.

– 김세형, 제주도 월림 주민

이 책은 강영진이라는 인간이 살아온 날들에 대한 진솔한 고백이다. 그러나 개인적인 상념에만 머물지 않고 58년 개띠 한국인들이 살아낸 격동의 시대와 보편적인 경험을 대변하기도 한다. 책에는 영어도 서툰 청년의 성공담이 담겨 있다. 그러나 실수와 후회, 성찰 또한 솔직하게 표현했다. 많은 사람이 이 책을 읽었으면 하는 이유이기도 하다. 책을 읽는 동안 누군가가 듣기 좋은 목소리로 옆에서 얘기하는 것 같은 기분이 들었다.

– 이재용, 쌍용제지 회장

정말 재미나고 지루한 구석 하나 없다. 무슨 이야기가 더 있을까 궁금하기까지 했다. "나는 빨간 운동화가 신고 싶다. 행복은 목적이 아니다." 너무 마음에 와닿는 글귀들이었다. 시에는 잔잔한 평화가 있고 그림에는 절제가 담겼다. '서머 와인'이란 그림은 강렬한 색채가 살아 있는 느낌이어서 좋았고, '블루'는 어두운 곳에서 잠깐 잠깐 보이는 빛이 있어 좋았다. '소망'은 아직도 뭉게뭉게 피어나는 소망을 담았다. '아픈 센트럴파크의 봄'은 알 수 없는 세계가 나무들 뒤에 펼쳐져 있는 듯하다. 살며 한 막 한 막을 그림과 글로 정리해가며 계획을 세워가며 산 듯하다. 제 마음에도 멋지고 아름다운 작가 한 분 추가요!!

– 이은재, 뉴저지 주민

청년부터 중년에 이르기까지 여러 가지 경험이 예술적인 감각과 함께 어우러져 진솔하면서도 맛있게 표현되어 있다. 또한 두 자녀의 아버지이자 연로하신 아버지의 아들의 입장에서 느끼는 감정을 꾸밈없이 진솔되게 표현함으로써 읽는 사람의 마음을 먹먹하게 만든다.

– 김준혁, 하버드 치과대학 겸임 교수

가족의 관계까지도 디지털화되어가는 시대에 작가와 작가 어머니의 아날로그 소통이 오랜 시간이 흘러도 많은 사람에게 감동으로 다가올 수 있음을 보여주는 잔잔하면서도 가슴을 따뜻하게 하는 에세이이다. 그냥 우리의 일상이 녹아있는 글들로 가족들이 같이 읽어보면 좋을 듯하다.

– 김필성, UCLA 겸임 교수

여러 방면에 재주를 가진 사람은 많다. 그렇지만 주어진 다양한 능력들을 조화시켜 자신의 삶을 업그레이드하는 경우는 생각보다 흔치 않다. 식지 않는 호기심과 긍정적인 인생관을 과학자의 논리와 미술가의 눈을 통해 꾸밈없이 진솔하게 묘사한 저자의 그림과 이야기들이 보는 이에게 미소를 선물한다.

– 김지성, 버지니아 주민

『뉴욕의 그림 그리는 치과 의사』는 에세이로 쓴 잔잔한 『파친코』이다. '어머니의 서재'에서 얻은 글의 영감이 구순의 아버지를 모시고 떠난 여행길에서 화해와 사랑으로 영글어간다. 그가 부르는 노래는 여전히 클라이맥스로 치닫지만, 그의 그림은 어느덧 파이널 터치만 남겨두고 있다. 나도 부모님을 모시고 여행하고 싶다.

– 최재천, 이화여대 에코과학부 석좌 교수

이 책의 '93세 아버지와 63세 아들이 떠나는 여행'은 20년 전 작고하신 나의 아버지와 이야기를 나누었던 그날의 아침 햇살을 떠올리게 한다. 아버지와 단둘이서만 떠나는 여행은 세상의 아들들이 언젠가는 꼭 실행해야 할 필생의 계획이고 로망 그 자체인 듯하다. 이 책 덕분에 부모님이 이해되었고, 우리를 항상 문밖까지 나와서 기다리시던 조부모님의 모습들이 이제야 이해가 되었다.

– 서원교, 뉴욕 시민

어머니의 서재

어릴 때 내 방의 벽 한 면이 책장이었다. 나를 위해 구비해주었던 위인 전집, 세계 동화 전집 그리고 어머니가 읽은 많은 책이 벽 한 면을 차지했었다. 작은방이었지만 여닫을 수 있는 나의 작은 책상이 있었고 침대도 있었다. 몇 개 안 되는 방들을 이렇게 저렇게 다용도로 이용하다 보니 아이들 넷이 자라고 있던 지붕 아래 공간들은 어느 한구석도 빈틈이 없었다. 나에게는 그나마 집안의 유일한 아들이라고 어릴 때부터 독방을 쓰게 했다.

말이 내 방이지 실제로는 어머니의 서재로도 이용되는 다목적 용도의 방이었다. 중학생이 되어 사춘기가 시작되니 어머니가 내 방을 출입하는 것이 부담스러웠고 싫었다. 늘 내 책상과 방을 정리해준다는 고마운 마음보다는 나의 사적인 공간이 노출된다는 것이 싫었다. 내가 사춘기에 접어들자 어머니는 내 방을 늘 당신이 직접 청소했고, 어지러운 책상도 일하는 분을 시키지 않고 손수 정리해주었다. 지금 생각해보면, 어쩌면 어머니는 그 방을 당신의 성소(聖所)로 여겼는지도 모르겠다.

책장에 꽂힌 책들은 대부분 어머니가 읽은 책들이었다. 나는 어머니가 이미 읽었던 책들을 읽는 것이 좋았고 나도 마땅히 모두 읽어야 한다고 생각했던 것 같다. 가끔 어머니가 밑줄을 쳐 놓은 부분을 읽을 때는 두 번 세 번 읽어보기도 했다. 어머니가 내 책상 위에 남겨놓은 메모와 독후감 저널들을 훔쳐 읽어보는 재미도 괜찮았다.

어머니는 글을 잘 쓰셨다. 어머니의 글을 읽을 때마다 나는 어머니가 많은 것을 포기하고 사신다는 생각을 했었다. 일제 강점기 때 부잣집 딸로 태어나 최고 학부를 나온 분이었다. 감성이 풍부하고 표현력도 좋았던 어머니의 글은 담백하고 시원했다. 내가 당신이 쓴 글들을 읽기 좋아한다는 것을 어머니도 알았던 것 같다. 가끔은 내 눈에 잘 띄는 곳에 당신의 글을 놓아두기도 했다. 나도 어머니가 한 것처럼 내가 쓴 글을 책상 위에 두고 학교에 간 적도 있었다. 책을 읽고 쓴 단상, 시 그리고 가끔은 서로에게 보내는 짧은 메모도 있었다. 작은방은 어머니와 내가 서로에게 작가가 되고 독자가 되었던 아름다운 추억이 있는 장소였다.

어머니는 늘 나에게 "어른이 되면 책을 쓸 수 있는, 정서가 풍부한 인생을 살았으면 좋겠구나." 하며 책을 쓴 작가들이 부럽다는 말씀을 하곤 했다. 그때 읽었던 책 중에는 훗날 나의 인생에 귀한 지향 지표가 되고 운명처럼 기억되는 책들도 많았다. 그중에서도 김형석 교수님의 『영원과 사랑의 대화』, 안병욱 교수님의 『행복의 미학』, 이 책들은 오랫동안 내 인생 속에 함께 살아 있다. 한국 현대 문학 전집, 세계 문학 전집, 어머니가 특히 좋아했던 루이제 린저Luise Rinser, 버지니아 울프Adeline Virginia Woolf, 제인 오스틴Jane Austen 그리고 미우라 아야코Ayako Miura와 같은 여류 작가들의 소설도 나에게는 잊을 수 없는 귀한 만남이었다.

어머니의 서재는, 나에게 보내는 편지나 누나들 몰래 주는 용돈을 내가 읽던 책갈피에 가끔씩 남겨두시곤 했던 어머니와의 소통 공간이기도 했다. 주로 내가 힘들 때나 칭찬해 주고 싶을 때는 꼭 그랬다. 그 편지들을 지금까지 간직하고 있었다면 이 글을 쓰는 데 큰 도움이 되었을 것이다. 지금

와서 생각해보니 나의 작은방은 특별한 방이었다. 이제 내 나이 육순이 훨씬 넘었고 어머니도 하늘나라에 계신다. 첫 번째 출판할 책을 준비하고 있는 요즘 어머니가 한층 더 보고 싶어진다. 이제 어머니의 서재는 오롯이 나의 그리움 속에 있지만, 그곳에 어머니가 가장 사랑하는 작가의 또 한 권의 책이 추가되었다는 소식을 하늘에 전하고 싶다.

뉴저지 잉글랜드 클리프에서
강영진

목차

Part Ⅱ 뉴욕 뉴욕 Ⅰ

Part Ⅲ 뉴욕 뉴욕 Ⅱ

목차

1부

Part I

<아메리칸 드림>

<아메리칸 드림>, Acrylic on Canvas, 48×48인치

1. 도착

1978년 처음 도착한 뉴욕은 구름이 잔뜩 낀 4월의 늦은 봄이었다. 마중 나온 큰 승용차에 몸을 싣고 공항을 빠져나왔다. 비행기 속에서 꿈꾸던 기대와 설렘은 나의 두 발이 땅에 닿는 순간 기대 반 두려움 반으로 변하더니 그 무게가 두려움쪽으로 쏠리기 시작했다. 지금도 뉴욕에 첫발을 디뎠던 당시 생각이 생생하다. 사실, 뉴욕에 도착했다면 5년 동안 헤어져 살던 아버지를 만나는 기쁨과 감동이 무엇보다도 커야 할 텐데 그것보다는 미지의 세계를 어떻게 살고, 무엇을 해야 할지 등등의 여러 가지 생각으로 무거운 기분이었다. 혼자 고생하시며 가족들을 위해 새로운 삶의 터전을 마련하신 아버지에게 감사하며 축제라도 벌여야 하는 날인데도 다른 한편으로는 두렵기만 했다.

뉴욕은 다리도 많았고 그 길이도 대단했다. 다리를 건널 때, 우리가 바다를 건너고 있다는 운전자의 말이 신기하게 들렸다. 현수교의 왼쪽으로는 케이블 너머 멀리, 바다가 끝나는 곳에 맨해튼이 눈에 들어왔고 그 가운데에는 사진으로만 보던 엠파이어 스테이트 빌딩의 윗부분이 보였다. 한편 오른쪽으로는 대서양으로 나가는 시원함이 있었고 낮은 구름 끝에 걸려 있는 또 다른 다리 너머로 수평선이 눈에 들어왔다. 여기가 뉴욕이다. 이제 시작이다. 내 꿈과 영혼이 숨 쉴 바로 그곳이다. 45년이란 세월이 지났지만 그 꿈과 영혼은 아직도 벅찬 가슴을 설레게 한다. 뉴욕은 아직도 덜 성숙한 나의 감성을 유혹하고 있다.

나는 예술가와 학자들이 모여 학문과 예술 그리고 철학을 논하며 그들의 진지한 삶에 몰입했던 장소들을 막연히 동경했었다. 릴케, 게오르게, 토마스 만, 칸딘스키, 그들이 예술과 철학을 논했던 독일 뮌헨의 '슈바빙', 샤르트르가 『구토』를 집필하고 피카소와 브라크가 만나 입체파를 논했다던 쌩 제르망 데프레 거리의 카페 '레 되 마고', 『마지막 잎새』의 오 헨리가 자주 찾았다는 뉴욕 그리니치 빌리지의 카페 '르 피가로'가 그랬었다. 뉴욕에 대한 동경은 낭만과 젊음 그리고 예술의 기질이 살아 있는 자유로운 영혼의 대가들이 머물렀던 도시라는 데서 비롯되었던 것 같다. 뉴욕은 아름다운 슬픔을 만드는 예술적 낭만의 명장면들이 나오는 도시일 것이라고 늘 생각하고 있었다.

내가 탄 차는 미끄러지듯이 긴 다리를 건너고 고속도로를 지나 숲속 길로 접어들었다. 오리떼가 평화롭게 놀고 있는 작은 호수 같은 연못도 보였다. 창밖에 보였던 맨해튼의 마천루와는 너무나도 대조적인 경관이 눈앞에 펼쳐졌다. 브롱스* 강가의 공원 도로Bronx River Parkway는 뉴욕에서 가장 오래된 공원 도로Parkway이다. 상업용 자동차가 나닐 수 없어서인지 자연 그대로의 아름다운 경치가 돋보이는 곳이었다. 그 아래로는 자동차가 다니는 고풍의 돌다리들이 있었고, 그 옆에 있는 공원에는 즐겁게 뛰노는 아이들의 모습과 푸른 잔디가 깊은 인상을 주었다.

서울의 복잡함에 익숙했던 나에게는 봄 소풍 같은 이 환경이 불안함으로 다가왔다. 멋지고 아름다운 환경이었지만 탄성보다는 점점 더 침묵이 깊어 갔다. 내 오감은 앞으로 펼쳐질 새로운 세계에 대한 두려움을 감지하는 듯했다.

---

* 한국어 사전에는 '브롱크스'라고 표기해야 한다고 되어 있다. 그러나 미국인들은 '브롱스'라고 발음하는 경우가 대부분이다. 그리고 '시라큐스'도 한국어 사전에는 '시러큐스'라고 표기해야 한다고 되어 있으나 미국에서 발행하는 한국어 신문에는 '씨라큐스'라고 표기하는 경우가 대부분이다. 그래서 여기서는 '시라큐스'라고 표기한다. '보스턴'을 '보스톤'으로 표기하는 것도 마찬가지이다. 저자의 요청대로 이 책에서는 로마자 표기를 가능하면 원어민 발음에 가깝게 적는 경우가 있음을 미리 알려둔다.

<맨해튼>, Acrylic on Wood, 24×36인치

2. 첫 시험 보는 날

미국에 와서 첫 학기가 시작된 지 얼마 안 되었을 때였다. 화학 교실에 들어서니 분위기가 다른 어느 때보다도 차분했다. 책상 위에는 주기율표와 지우개 그리고 노란 연필 한 자루씩이 놓여 있었다. 강의 시간 분위기가 아니었다. 갑자기 현기증이 났다. 주변을 살펴보니 '시험 보는 날'이다. 어찌 이런 일이……. 교수님 출장으로 한 달 전에 이미 시험 날짜가 한 주 앞으로 당겨져 있었단다. 나는 그다음 주로 알고 있었다. 순간 책가방을 싸 들고 교실 밖으로 나왔다. 교수님이 시험 문제지와 하늘색 노트를 들고 교실로 막 들어서고 있었다.

"Excuse me sir." 나는 내 불찰로 시험 날짜를 잘못 알고 있었다고 말한 후, "I am not ready."하며 용기를 내어 말을 이었다. 그때 교수님은 조금도 놀라지 않으시며 그럼 이번 주 중에 아무 때나 준비되면 연구실로 와서 따로 시험을 보겠느냐고 물으셨다. 이 사건은 언어 때문에 용기가 없어 발표도 피하고 질문도 안 하던 과묵한 외국 학생의 흔한 작은 에피소드에 불과할지 모르나 나에게는 잊을 수 없는 큰 사건이었다. 그때의 트라우마로 나는 아직도 이와 비슷한 꿈을 꾼다.

그 일은 여러 가지 의미로 오랫동안 내 기억 속에 남아 있다. 다급해서 용기를 내어 교수님께 말씀드린 것도 돌발적이었지만, 조금도 인상 쓰지 않고 학생의 상황을 가볍게 이해해준 교수님의 배려도 나에겐 예사롭지 않은 기억이다. 나를 위해 시험 문제를 새로 만들어준 성의도 고마웠고 민망해하던 학생에게 자신의 책상을 이용하게 배려해주었던 자상한 마음도 고맙고 인상적이었다. 그 사건은 나에게 합리적인 미국 교육을 바라보는 기준이 되었고, 내가 이 나라에서 어떻게 살아가야 하는지를 마음에 담게 한 소중한 계기가 되었다.

그 후 단 한 번의 비슷한 실수도 없었다. 영어를 잘하게 되어서가 아니라 모르는 것에 관해 묻기를 부끄러워하지 않고 조금 창피하여도 이해하지 못한 것은 몇 번이고 확인하는 좋은 습관이 생겼기 때문이었다. 그 후 내가 교수가 되어서도 그 교수님이 내게 보여주었던 배려가 늘 생각나곤 했다. 나도 누군가에게 그런 선생님이 되고 싶었다.

3. 편지

이메일도 SNS도 없던 70년대, 우체국을 주기적으로 가던 시절의 이야기이다. 한국에 보내는 우편물은 표준 우표로는 안 되고 무게를 달아 그 무게에 따라 우표를 여러 장 붙여야 했던 시절이었다. 그러기에 가능한 한 작은 글씨로 얇고 가벼운 편지지에 써야 했던 그런 때였다. 편지에 가끔 사진 등이 들어갈 때는 제법 많은 우표를 붙여야 했다. 그렇게 편지를 주고받는 것이 일상이었고 특히 편지는 낯선 곳에서의 외로움을 달래던 유일한 방법이었다. 누구나 미국에 도착하면 몇 달 정도는 열심히 친구들과 소식을 주고받는다. 김포공항에서 헤어지며 친구들에게 미국에 가면 편지를 꼭 쓰겠다는 마지막 약속과 외국에서의 외로움이 잘 융합된 상태가 보통 반년은 간다.

그때 내가 쓴 편지에는 처음 먹어보는 음식 얘기와 처음 보는 풍경과 처음 보는 멋진 자동차 얘기가 많았다. 지금 생각해보니 한국의 친구들은 한두 번 들으면 그다지 흥미 없는 얘기였을 것 같다. 맛있는 것도 그림의 떡이고 멋진 자동차도 자기 것이 아니었고 지나가면서 보았다는 얘기나 어쩌다 타 보았다는 등의 유치한 자랑뿐이었으니 그럴 만도 했다. 내가 함께 먹고 함께 타보았으면 얼마나 좋았겠냐 하며 아무리 반복한들 한두 번 듣고 나면 모두가 식상할 얘기들이었다.

가끔은 음반매장에서 '퀸'의 <보헤미안 렙소디>, <오페라의 밤A night at the Opera> 원판을 샀다는 자랑도 했다. 당시 한국에서는 '빽판'이라고, 앨범 재킷도 뿌옇게 인쇄된 해적판들을 청계천에서 주로 사곤 했는데, 현지에서 산 원판, 비닐팩으로 잘 밀봉되어 있던 총천연색 앨범 재킷은 충분히 모두를 설레게 했었다. 한국에서는 누릴 수 없었던 일들을 유치하게 자랑하면서 썼던 편지이지만 잘 참고 읽어주었던 그 친구들의 마음이 아직도 많이 고맙다. 끝말에는 "너희들과 함께 맛보고 느끼고 싶다."는 얘기를 썼지만, 내가 겪었던 풍요로움 속의 허전한 마음과 외로운 마음도 함께 읽어준 그들은 아직도 나의 귀한 친구들이다. 그 편지는 쉽게 오고갈 수 없는 멀리 떠난 이방인의 외로움을 달래준 유일한 비상구였다.

친구들의 답장은 대부분 "넌 참 좋겠다."로 시작해서 뉴욕은 위험하고 무섭다고 들었다면서 총 맞지 않게 조심하라고 걱정하는 내용이 많았다. 당시에는 악명 높은 뉴욕의 연쇄 살인범 이야기가 온 세상을 놀라게 했을 때였다. 그 사건의 범인이 브롱스The Bronx와 용커스Yonkers 근처에 살았는데, 그곳은 나의 가족들이 사는 웨스트체스터Westchester와 가까웠기 때문에 나도 큰 관심을 갖고 있었다. 범인이 체포된 후에도 그것을 흉내 내는 사건들이 신문에 소개되기도 했고 영화사에서는 앞다퉈서 범죄 영화를 만들기도 했다. 그때 이 사건을 계기로 '샘의 아들 법(Son of Sam's Law)'이라는 새로운 법이 제정되었는데, 그 법으로 인해 수감된 범죄자들이 범죄 경험담 등을 작가에게 팔아 수익 창출을 하는 행위가 금지되었을 뿐만 아니라 그 수익은 피해자 보상에 쓰이게 되었다.

세월이 흐름에 따라 주고받던 편지들은 그 빈도가 조금씩 줄어들면서 각자 자신의 현실로 돌아갔던 것 같다. 친구들은 군대에 가고 나는 나대로 더이상 친구들에게 보고할 새로운 내용도 점점 줄어들었고 그 대신 학교의 힘든 과제들이 외로움을 삼켜버리는 듯했다. 그 후에는 편지보다는 녹음테이프를 많이 주고받았다. 특별한 날에는 친구들이 모여서 실제 상황을 육성으로 녹음해서 보내주었으며 나도 답신을 카세트로 보내곤 했다. 듣고 또 듣던 테이프가 닳고 닳아 소리가 늘어질 때까지 들으며 아쉬움을 달랬던 기억이 생생하다. 그 시절의 편지들을 소환해보는 까닭은 그 유치함과 허풍보다는, 외국에 혼자 떨어져 있는 친구의 외로움에 더 공감하며 위로해준 소중한 친구들을 생각하게 하는 귀한 자료들이기 때문이다.

4. 물리학 101

내가 다니던 시라큐스Syracuse 대학교의 이공계 신입생이라면 누구나 1년은 들어야 하는 과목 중의 하나가 '일반 물리학'이다. 물리학 건물에서 가장 큰 교실은 약 200명이 들어가는 계단식 강의실이었다. 물론 학생수가 많아 출석도 부르지 않는 과목이었다. 이 과목은 '미식축구 선수들도 듣는 일반 물리학Football Physics Course'이라고도 불렸다. 운동선수들도 듣는 기초 과목이란 뜻이다. 당시에는 프로가 될 운동선수들에게 강의실 수업은 대학교 학사관리의 걸치레였다. 101이라는 숫자가 의미하듯 물리학 과목 중에 가장 기초적인 과목이었는데, 큰 체구의 미식축구 선수들이 늘 한쪽 구석에서 졸고 있는 모습을 볼 수 있는 과목이기도 했다.

강의 시간이 되자 강단 뒤의 문이 열리며 나이가 많이 들어 보이는, 마치 간디를 연상시키는 인도계로 보이는 작은 체구의 교수 한 분이 샌들을 신고 들어왔다. 웅성웅성 떠들썩하던 실내는 몇 초도 안 되어 조용해졌다. 마이크를 꽂으며 아무 말 없이 학생들을 쳐다보는 그의 깊은 눈빛은 무척 인상적이었고 편안해 보였다. 마이크가 연결되자 그는 하얀 치아를 내보이며 '굿모닝 레디스 앤드 젠틀맨, 웰컴투

Physics 101 클래스'라는 그의 강한 인도 악센트와 억양이 뒤섞인 말소리가 스피커를 통해 학생들의 귀에 전해졌다. 장내는 더욱 조용해지고 모두가 그의 말에 귀를 기울이는 듯했다. 그는 강한 악센트로 자신을 소개하고는 본인은 출석도 부르지 않고 과제도 내지 않을 것이라고 말했다. 그 대목에서 모두가 박수를 쳤다.

수업이 시작되었다. 그는 오버헤드 프로젝트를 통해 문제를 풀어주며 강의했다. 나로서는 그분의 말을 알아듣기가 힘들었지만 강의 내용이 그대로 스크린에 올라와서 다행이었다. 도리어 강의 내용이 한눈에 들어와서 좋은 점도 있었다. 그러나 강의가 진행되자 분위기는 조금씩 흐트러져갔다. 그 교수님의 악센트를 못 알아듣는 사람이 많다는 사실을 눈치로 알아차릴 수 있었다. 사실 영어를 잘 못하는 나로서는 강의를 알아듣지 못하는 것이 익숙해진 상태라 그다지 큰 문제는 아니었다. 귀 대신 눈으로 보는 오버헤드 스크린만으로도 감사했는데 다른 학생들은 굉장히 짜증이 난 것 같았다. 그 후 두 주가 지나면서 강의실의 학생수는 줄어들기 시작했다. 한 주에 세 번 있는 강의인데 뒤로 가니 학생수가 첫 시간의 반도 되지 않았다. 하지만 조별로 하는 조교들과의 질의 문답 시간Recitation Class에는 모두 출석하는 듯했다.

캠퍼스에는 초겨울부터 늦봄까지 눈이 쌓여 있다. 눈으로 더 유명한 대학교이다. 폭설이 오던 날이었다. 늘 그랬듯이 나는 그날도 맨 앞에 자리를 잡고 앉아 있었다. 조금 이른 시간이었고 눈이 너무 많이 와서 교실 안에는 교수님과 불과 몇 명의 학생이 수업을 기다리고 있었다. 그때 교수님이 나에게 다가와 웃으면서 물었다.

"너는 내 강의를 잘 알아듣니?"

나는 조금 당황하며, "사실, 아닙니다Not Really."라고 대답했다. 하지만 나는 교수님의 오버헤드 프로젝트가 큰 도움이 된다는 말과 함께 감사하다는 말을 덧붙였다. 사실이었다. 나로서는 그 시간이 다른 어떤 강의 시간보다 재밌었다. 말을 완전히 알아듣지 못하기는 다른 과목들도 마찬가지였지만, 이 물리학 과목은 다른 미국 학생들과 똑같은 언어 조건인 것 같아서 오히려 다행이었다. 그 교수님은 나에게 "어느 나라에서 왔느냐?" 등등을 물으며 "학문은 언어로만 배우는 것이 아니다."라고 말하고는 강의를 시작했다. 그 말이 그분에게는 변명 같은 얘기였겠지만 나에게는 상당히 의미 있는 말이었다. 그 말은 나에게 위안이 되고 용기를 주었다.

그 학기도 어느덧 끝나가고 있었다. 기말고사 보기 전 마지막 수업이었다. 언제나 이 교수님은 기말고사 예상 문제들을 마지막 강의 때 풀어준다는 조교들의 전언 때문인지 학생들이 거의 다 출석했다. 첫 수업처럼 학생들 대부분이 한자리에 모인 것이다. 노교수는 예상 문제를 다 풀이준 후에 학생들에게 정중하게 "많은 학생이 나의 악센트에 짜증이 났겠지만 나의 물리학 강의를 끝까지 들어주어서 고맙다."고 인사했다. 그리고는 "그래도 여러분은 나보다 훨씬 운이 좋은 학생들이다. 내가 프린스턴 대학교에서 연구원으로 있을 때 만난 교수는 나보다도 훨씬 더 악센트가 강하고 영어를 못했던 독일 사람이었다. 그의 이름은 '알베르트 아인슈타인'이었다."라고 또렷하게 말했다.

큰 강의실이 다시 한번 조용해졌고, 어느 누군가 먼저 그 노교수에게 박수로 경의를 표하자 모두가 일어서서 박수를 쳤다. 나중에 알게 된 얘기지만 미국의 대학교에서는 가장 권위 있는 교수가 '개론'이나 '원론'을 가르친다고 한다. 그만큼 시작이 중요하며 기초가 중요하다는 얘기이다. 지금은 아마도 고인이 되셨을 겸손했던 그 노교수가 눈이 많이 오던 날 내게 해주었던 "학문은 언어로만 배우는 것이 아니다."라는 말이 아직도 귓가에 생생하다.

5. 재즈 싱어

호기심 많은 나는 하고 싶은 것 보고 싶은 것들이 많았다. 그러나 하루는 24시간. 반드시 해야 할 것들을 위한 절대적인 시간을 빼면 나에게는 잠자는 시간과 밥 먹는 시간이 여유 시간이었다. 읽어야 할 책들도 많았고, 학교에서 배정받은 주말 과제도 한 주에 15시간 이상을 해야 했다. 시간적인 여유는 감히 상상할 수가 없었다.

영화를 좋아했던 나였지만 극장에 갈 시간도 없었고, 자막 없는 영화는 제대로 즐길 수가 없을 것 같다고 생각했다. 그리고 영화 보는 것은 시간 낭비, 돈 낭비라는 생각을 먼저 했던 것 같다. 미국에 온 지 3년이 지난 어느 날, 기숙사 옆방의 친구들이 일을 마치고 내 방으로 오더니 나에게 함께 영화를 보러 가자고 했다. 주말 저녁이라 잠이나 실컷 자려고 했는데 기숙사 애들과 어울리는 시간도 의미 있을 것 같고, 그 친구들이 나를 아예 다른 별에서 온 외계인으로 생각할까봐 따라나섰다. 내가 좋아하는 닐 다이아몬드Neil Diamond가 나오는 영화라고 해서 영어를 못 알아들으면 음악이라도 듣고 온다는 생각으로 가기로 한 것이었다.

처음 가본 미국 영화관은 규모가 작았다. 그 대신에 방이 여러 개 있었는데 모두 다른 영화를 상영했다. 관람료도 학생들에게 부담이 없었다. 표를 사면 약 백 개 정도의 좌석이 있는 자기 영화방을 찾아 들어가서 보는 것이었다. 내가 알던 서울의 커다란 대형 극장과 달랐다. 모두가 한 손에는 머리통만 한 팝콘 봉투와 다른 한 손에는 팔뚝보다 큰 소다수 컵을 들고 반 조명의 어두운 방으로 들어가 앉았다.

영화 <재즈 싱어Jazz Singer>는 가수 닐 다이아몬드가 직접 제작 주연을 한 영화이다. 미국에 와서 처음으로 가본 영화관이었기에 더욱 잊히지 않는다. 보수 유대인의 가정에서 자란 주인공(닐 다이아몬드)은 전통대로 유대인 여자와 결혼하고 유대교 사원Synagogue에서 성가를 하는 재능이 있는 음악 청년이었다. 부모의 기대와는 달리 유대교 사원의 음악보다는 흑인 그룹 밴드를 위한 곡을 만들었다. 중창단 중의 한 명이 병으로 결원이 생기자 흑인으로 변장하고 출연했다가 흑인이 아니라는 사실이 발각되어 소동을 피우게 된다.

그 사건으로 인해 주인공은 흑인 친구로부터 앨범 취입 제의를 받고 뉴욕을 떠나 로스앤젤레스로 간다. 그곳에서 에이전트의 주목을 받아 인기를 얻는다. 그는 유대인은 유대인끼리 결혼해야 한다는 유대교 전통을 어기고 새로운 여자를 만난다. 결국 주인공은 아버지와 의절하게 되는데……. 갈

이 갔던 누군가가 <재즈 싱어>는 1927년의 영화를 재구성한 것이라고 얘기했다. 이 영화의 OST Original Sound Track 중의 하나인 <이루어지지 않는 사랑 Love on the rocks>은 그 영화의 장면과 함께 아직도 감동으로 기억된다.

Love on the rocks
Ain't no surprise
Just pour me a drink
And I'll tell you some lies
Got nothin' to lose
So you just sing the blues
All the time

이루어지지 않는 사랑이라 해도
그리 놀라지 않겠습니다.
한 잔 술이라도 따라 주신다면
허황된 얘기라도 해드릴 수 있지만
더이상 잃을 것이 없으니
늘 슬픔이나 노래하죠…

<재즈 싱어>는 유대인 출신의 재능 많은 무명가수의 성장 영화이기도 하지만 나에게는 유대인도 한국 사람과 비슷하다는 생각을 처음 하게 한 영화였다. 아들과 아버지의 갈등, '좋아하는 것을 하고 싶어 하는 아들'과 '지금 해야 하는 것을 하라고 하는 아버지'와의 마찰은 동서고금을 막론하고 여느 가정에서나 흔히 볼 수 있는 주제이다. 부모 자식 간에 현존하는 실존과 본질 사이에서의 갈등은 누구나 한 번쯤은 겪는 것 같다. 그림 공부를 하겠다는 나를 못마땅하게 생각했던 부모님의 모습과 중첩되는 장면이어서 더욱 공감이 갔다. 영화는 결국 자식을 이기지 못하는 부모의 모습을 보여주었다. 그렇지만 부모의 생각에 부응하지 못하는, 번민하는 아들의 모습도 잘 표현한 영화였다.

이 영화의 시작과 마지막을 장식하는 <미국에 온다는 것 Coming to America>은 당시 한국을 떠나 미국에 온 지 얼마 안 되는 이민자인 나에게는 감동이 더했던 곡이다.

Far, we've been traveling far
Without a home but not without a star
Free, only want to be free
We huddle close, hang on to a dream

우리는 먼길을 떠났습니다.
비록 집은 없었지만 목표가 없던 것은 아니었습니다.
자유, 오로지 자유를 찾는다는
꿈을 간직하고 있었습니다.

나 역시 아무것도 이루지 못했고 가진 것도 없었지만 당시 내가 오롯이 가지고 있는 희망과 꿈을 대변해주는 것 같은 노래였다. 나는 이 영화에 쉽게 빠지고 있었다. 귀로 들리는 것 이상으로 가슴이 뜨거워지는 그런 영화였다. 내가 영어를 잘했다면 이 영화를 더 멋지게 이해했을까? 나는 영화에 충분히 심취할 수 있었고 장면 하나하나와 주인공들의 숨소리까지 다 전달된 듯했다.

<재즈 싱어>는 한국에서 본 자막이 있는 그 어떤 외국 영화보다 더 집중하여 보았던 영화였다. 언어의 장벽이 있을 것이라는 예상은 나의 기우였다. 언어의 유희보다는 몰입되는 감성의 깊이가 소통에 더 큰 역할을 한다는 것을 실감했다. 부족한 언어가 오히려 감성을 더 민감하게 반응시켰을 것이란 생각마저 들었다. 한 편의 영화가 나에게 준 메시지는 참으로 컸다. 소통의 영역을 재발견한 시간이었고, 보편적인 사고방식에 얽매여 언어의 한계를 핑계 삼던 나에게 새

로운 자신감과 용기를 부어준 시간이었다. 지혜도 필요하지만 용기가 더 필요할 때도 많다. 나에게 "산에는 길이 없다. 당신이 가면 그것이 길이 된다."라는 어느 실존주의 철학자의 명언이, 부딪히면 방법이 생긴다는 용기로 내 마음에 자리잡았던 것 같다.

<**가능성에 대하여**>, Acrylic on Canvas, 24×32인치

6. 언어의 장벽

언제쯤이면 미국 사람처럼 영어를 할 수 있을까?

태어날 때부터 배운 한국어를 사용할 때는 그 고마움을 잘 느끼지 못하고 살았다. 마치 공기를 의식하지 않고 지내듯, 살아가는 데 가장 중요한 것 중의 하나가 언어인데 그것을 의식하지 않고 매일매일을 살았다. 그러다가 언어가 다른 외국에서 생활하니, 안전사고를 대비해 매일매일 조이고 닦아야 하는 기계처럼 그 나라의 언어를 의식하며 살 수밖에 없었다. 언어 소통 때문에 자신의 능력을 제대로 인정받지 못하거나 손해를 입는다면 정말 억울한 일이다.

유학생이나 이민자뿐만 아니라 다른 언어를 사용하는 나라로 이주해온 사람들은 누구나 겪는 어려움이다. 언제쯤이면 미국 사람처럼 영어를 하게 될까? 미국 생활을 하게 되면 그 질문은 누구나 갖고 시작하는 첫 번째 질문 중의 하나이다. 물론 살다 보면 나아진다. 실제로도 나아지지만 적응이 되기도 한다. 언어에 대한 집요한 예민함이 무디어지기도 한다. 미국에 이민 온 사람들은 한동안 저마다 많은 에피소드를 남기며 언어와의 전쟁을 치른다.

언어의 한계 때문에 발표하기를 부끄러워하던 나에게 용

기를 주었던 교수님과의 개인 면담이 생각난다. 『20세기 문학』을 가르쳤던 교수님은 이렇게 말했다.

"실수를 두려워 말라. 그들은 네가 원어민이 아니라는 것을 다 알고 있고, 네가 말을 할 때 실수할 것이라고 생각하는 사람보다 네 말을 이해하려고 노력하는 사람들이 더 많다는 것을 알아야 한다. 자신의 한계를 두려워하지 말고 실수할 때 웃을 수 있을 정도로 마음의 여유만 있으면 된다."고 했던 말씀이 아직도 기억에 선명하다. 그 후 나는 점점 뻔뻔스러워졌다. 우리말보다 담백하게 사용할 수 있는 영어가 오히려 편할 때도 있었다. 우리말로는 낯간지러울 수 있는 말도 쉽게 할 수 있었으니 말이다.

이젠 미국 사람처럼 하는 영어는 어떤 것인지 관심도 없다. 영어에 대해 고민하는 초보 이민자들에게 언어의 장벽을 넘을 수 있도록 조언을 한다면, 그 장벽을 무너뜨리겠다는 생각으로부터 자유로워져야 한다는 것이다. 실수를 두려워하지 말고, 고급 영어를 배우겠다는 집요함보다는 문화적 맥락을 먼저 학습하기를 권한다. 그러다 보면 그 장벽은 자기도 모르는 사이에 조금씩 낮아질 것이다.

어느새 미국 생활이 40년을 넘어 50년을 향해 가고 있다. 언제쯤 미국 사람처럼 영어를 할 수 있을까? 라는 궁금증은 더이상 없다. 그동안 미국 사람이 되어서가 아니라 내 생각이 바뀐 것이다. 지나서 생각해보니 언어는 참고서 이름처럼 정복하는 것이 아니었다. 물론 잘하면 좋겠지만 필요할 때 쓰는 정도로 적응하며 사는 것 같다.

누구나 적응의 기간은 필요하다. 개인에 따라 조금씩 다를 수는 있겠으나 알고 보면 결과는 거의 비슷하다. 의식주를 위해 전쟁하는 그들에게 언어의 정복은 사치이다. 마치 고급 자동차의 옵션처럼 말이다. 내 주위에는 소수민족 이민자들이 많다. 그중에 경제적으로 크게 성공한 사람들 대부분은 미국 사람처럼 영어를 잘하지 못한다. 그러나 그들은 부족한 어휘는 물론 어눌한 억양과 발음으로도 이미 훌륭한 미국인이 되어 있다.

7. 물김치 소동

대학교 3학년 때, 기숙사에서 벌어진 최대의 사건이었다.

정성으로 잘 썬 양배추, 빨간 방울무와 당근에 끓는 소금물을 부어 넣으면 야채가 풀이 약간 죽으면서 물렁물렁한 고무처럼 된다. 그런 후 밀가루를 잘 푼 찬물을 조금 더 넣고, 설탕도 넣고 마늘도 굵게 잘라서 넣은 다음, 색을 맞추기 위해 빨간 피망, 초록색 피망 그리고 주황색의 당근도 한 머리씩 썰어 넣었다. 이 모든 것을 집에서 갖고 온 빈 김치 병에 잘 챙겨 넣고 냄새가 새지 않게 뚜껑도 초로 잘 밀봉했다. 신줏단지 모시듯이, 해가 잘 안 들어오는 북쪽 창가에 올려놓고 매일 그것을 보며 군침을 흘렸다. 룸메이트에게는 미생물학 숙제이니 그것을 건드리면 큰일난다고 단단히 일러두고 학교를 오갈 때마다 누차 확인했다.

삼 일째 되던 날, 눈이 많이 오는 시라큐스가 모처럼 포근한 봄 날씨에 눈이 녹고 있었다. 삼 일 만에 냉장고로 옮겨야 한다는 어머니의 말씀에 따라 그날은 기숙사 방으로 돌아가자마자 냉장고로 그 '신줏단지'를 옮길 예정이었다. 그때 내가 탄 대학교 셔틀버스가 뒤에서 요란한 소리를 내며 오는 소방차를 피하느라 잠시 정지했다. 소방차는 기숙사 쪽으로 향하고 있었다.

'어디에 불이 난 건가?'

'연기가 나는 곳은 없는데 이상한데?'

어딘가에 화재가 발생이라도 한 듯, 버스 안은 갑자기 어수선해졌다. 버스에서 내려 기숙사로 걸어가는데 좀 전에 보았던 경찰차와 소방차가 우리 기숙사 현관 앞에서 현란한 비상 라이트를 번쩍이며 서 있었다. '누군가가 또 화재 경보기에 장난을 했나?' 하며 생각 없이 현관을 들어서는데 나의 후각을 스치는 친숙한 냄새. 순간 엄습하는 불길한 예감……. 많은 무리가 내 눈에 들어오기도 전에 나는 이미 숨이 멈추는 것 같았다.

"오 주여! 어찌해야 합니까?"

곧 현장인 내 방쪽 복도에 도착하니 경찰관과 소방관이 방 앞에서 내 룸메이트와 얘기하고 있었다.

점점 더 짙어 가는 냄새만큼 죄인처럼, 범인처럼 복도를 처절하고 무거운 걸음으로 걸었다. 많은 아이들의 눈길을 한 몸에 받으며 그날따라 유난히도 길게 느껴지는 복도를 걸어야 했다.

'아~~!!! 이럴 수가.'

불길한 예감은 틀리지 않았다. 방안을 보니 바닥에는 내가 곱게 썬 양배추와 홍당무와 빨간 방울무가 유리 파편과 함께 바닥에 널브러져 있었다. 현관에 들어서자마자 느꼈던 그 냄새는 농축된 채 온 방 안에 가득차 있었다. 빨강 피망과 당근이 주홍 글씨처럼 더 크고 뚜렷하게 눈에 들어왔다. 나는 눈을 감았다. 사실 눈길을 둘 곳이 없었다.

많은 사람이 마치 내가 저지른 사건의 현장 검증을 지켜보고 있는 듯했고 옆에 권총을 차고 있는 경찰관과 소방복을 입고 출동한 소방관들이 왜 그렇게도 무섭고 커 보였던지……. 거의 정신을 잃을 뻔했다. 그때 내 귓가에 룸메이트의 음성이 모깃소리만 하게 들렸다.

“Yung, I am sorry.(영진아, 미안해.)”

자기가 창문을 열다가 실수로 병을 바닥에 떨어트렸다는 것이다. 그 말을 듣는 순간 정신이 돌아왔다. 룸메이트의 간곡한 ‘쏘리’라는 말에 순간 너무 차분해지고 나는 교활할 정도로 당당해질 수가 있었다. 아! 그때 그 ‘쏘리’라는 한마디가 나에겐 얼마나 기적 같은 말이었던지…….

나는 나를 무섭게 쳐다보고 있는 듯한 경찰관과 소방관에게 차분하게 물었다.

“Why are you here?(왜 여기에 있는 겁니까?)”, “내 미생물학 숙세가 다 망가졌는데 당신들은 여기서 뭐 하는 겁니까?"

나는 너무나도 차분하고 당당하게 얘기했다. 나는 미안하다는 감정이 하나도 없이 캠퍼스 경찰관과 소방관에게 당당하게 얘기했고 그럴수록 내 룸메이트는 더 미안해했다. 경찰관은 변명이라도 하듯이 화학물 폭발 신고가 들어왔었다고 하며 오히려 소란을 떨어 미안하다며 돌아갔다.

이 나라는 창틈에 벌집이 생겨도 소방관을 부르는 나라이다. 겁 많던 앞방의 피터가 교내 911에 신고한 것이었다. 나에겐 참 신기한 나라였다. 그러니 당연할 수도 있는 일이었다. 미안해하는 룸메이트는 청소를 위해 건물 청소부를 부르고 자기 방으로 돌아가는 구경꾼들에게 미생물 실험하다가 생긴 일이라고 나 대신 변명까지 해주며 사고를 무마시키고 있었다.

다음날 내 눈치를 보는 룸메이트에게 모든 사실을 고백했다. 사과도 했다. 사과는 잘 받아들여졌고 나는 고맙다고 정중히 인사를 했다. 나에게는 익숙한 냄새였지만 그 냄새는 닦아도 닦아도 오랫동안 남아 있었다. 룸메이트에게는 정말 미안했다. 그 후에도 나는 기숙사에서 물김치를 몇 번 더 만들어 먹었던 추억이 있다.

8. 과일가게

보통 미국인들의 가정을 보면 자녀에게 경험 삼아 일을 시킨다. 일이 없으면 일을 만들어서라도 하게 한다. 아이스크림 가게, 햄버거 가게, 슈퍼마켓 아르바이트 등, 아이들이 할 만한 일은 너무 많다. 한여름에 자신의 집 현관 앞에서 레모네이드를 팔고 있는 어린아이들을 쉽게 볼 수 있다. 그것을 함께 만든 엄마는 창가에서 아이들이 레모네이드 장사하는 것을 지켜본다. 동네 사람들은 꼭 그것을 마시고 싶어서가 아니라 아이들에게 용기를 주기 위해 사 마시기도 하고 아이들에게 한 잔 마시고 두 잔 값을 주기도 한다.

아이들이 조금 자라면 사내아이들은 눈이 오면 눈삽을 들고 다니며 적은 돈을 받고 이웃의 눈을 치워주기도 한다. 제대로 잘하지 못해도 이웃은 그 아이들을 넓은 마음으로 품어준다. 그 아이들이 대학에 가면 넉 달이나 되는 긴 여름방학 때 열심히 일하여 자신의 학비와 기숙사 생활비를 모으는 것은 전혀 놀라운 일이 아니다.

어느 여름방학 때 나도 한인이 운영하는 과일가게에서 일을 하게 되었다. 여름에는 야채가게와 과일가게가 바빴다. 일손이 모자랐고 구인 광고가 많아서 쉽게 일자리를 구할 수 있었다. 내가 일한 곳은 브롱스 230가 근처, 그리스 사람들이 많이 사는 동네였다. 당시에는 모든 것이 현찰 장사였다. 지금처럼 카드를 받는 과일가게는 없던 것으로 기억한다. 그러다 보니 주급도 현찰로 주고, 한인이 운영하는 가게는 점심을 꼭 챙겨 주었다. 주급은 높았지만 하루 12시간 6일을 일했다. 따지고 보면 주급이 높은 것이 아니라 일을 많이 한 값을 받는 것이었다. 그러다 보니 돈을 쓸 시간도 없어서 돈을 금방 모을 수 있었다.

당시 뉴욕시에는 많은 한인이 과일가게를 하고 있었다. 지나가다 보는 웬만한 야채가게와 과일가게는 거의 한인들이 운영했었다. 소자본으로 시작하기가 쉬웠고 판매 마진이 매우 좋았다. 과일과 채소는 생물(生物)이라서 버리는 것만 없으면 최고의 이익을 얻을 수 있었다. 그들은 새벽 2시에 도매 시장에 가서 좋은 물건을 직접 싸게 구매해야 했다. 과일가게 주인들은 새벽에 깡통 밴 트럭을 끌고 헌츠 포인트Hunts Point라는 뉴욕에 있는 세계에서 제일 큰 청과 도매시장에 가서 매일매일 야채와 과일을 구매하여 싣고 온다. 나의 일은 그 과일 박스를 차에서 내리고 과일을 진열하는 것이었다. 그 과정은 이렇다.

아침 7시에 도착하여 가게 문을 열고 밴 트럭van truck에서 물건들을 내리고 과일 맛을 보면서 그날의 값을 정한다. 그곳에서 일할 때 내 일생 가장 많은 과일을 먹었다. 지금도 얼굴 피부가 좋다는 얘기를 듣는데 아마도 그때 먹었던 과일 덕분이 아닌가 생각한다. 주인이 값을 정하면 나는 라벨을 만들어 붙이고 진열을 시작한다. 여기에는 기술이 좀 필요하다. 예를 들면 사과를 진열하는데 물건의 가치를 극대화하기 위해서는 보기 좋게 진열도 해야 하고 손님이 중간에 있는 사과 하나를 빼내도 쌓은 것이 무너지지 않도록 쌓아야 한다. 그리고 사과를 손님이 집기 좋은 곳에 배치해야 할 뿐만 아니라 새로 들어온 과일은 속에 넣어야 한다. 과일의 로테이션이 중요하고 과일 진열 방법이 중요하다. 수시로 진열을 점검해야 하고 빠진 과일은 빠르게 보충해야 한다. 그것이 기술이다.

누구나 싱싱한 과일과 야채를 좋아한다. 조금이라도 시들면 무조건 버리므로 싱싱한 과일을 풍성하게 유지해줘야 한다. 그러기에 가격을 잘 정해 빨리 유통시켜야 한다. 그것이 제일 중요하다. 부패하기 쉬운 물건이라 빨리 팔아야 한다. 비싸도 안 되고 너무 싸도 안 된다. 그것이 승패를 좌우한다. 건너편에 또 다른 가게가 있기 때문에 손님들이 들어와야 하는 시간에 안 들어오면 빨리 건너편 가게의 가격을 보고 와야 한다. 조그만 과일가게에서는 무척 예민한 부분이었다. 재빨리 가격을 낮추면 금세 구름처럼 손님들이 들어왔다.

사람들은 과일가게 일을 단순노동인 줄로 착각한다. 절대 그렇지 않다. 정해진 기준과 논리 속에서 많은 변수를 활용해야 하는 지혜와 고등 수학의 논리가 적용된다. 한인들이 그 당시 과일가게를 하기만 하면 다 성공했던 이유는 분명 한인들이 똑똑했기 때문이라고 나는 믿는다. 대학까지 나온 고학력 소유자들이 과일가게와 야채가게를 운영하는 소수민족은 아마도 한인들뿐이었을 것이다. 그렇게 넉 달을 땀 흘리며 숨 가쁜 고된 시간을 경험하고 나니 다시 시작한 학교 공부는 그다지 어려운 것이 아니었다.

9. 나를 미소 짓게 하는 기억들

내가 다니던 대학교는 겨울에 눈이 6개월간 쌓여 있어 '눈의 수도Capital of Snow'라고 불리는 시라큐스Syracuse에 있는 시라큐스 대학교였다. 시라큐스는 뉴욕주 위, 온타리오 호수 아래에 자리한 중소 도시이다. 나에게 4년의 대학 생활은 언어의 장벽을 헤쳐나가야 하는 고난의 기간이었고 어떻게 이 나라에서 살 것인가를 고민하는 순조롭지 않은 적응 과정이었다. 미국 생활이 깊어질수록 미국 문화도 더 배워야 했고 미래에 대한 선택의 폭을 넓히기 위해서는 무엇보다도 좋은 학교 성적을 유지해야 했다. 당시 세상 모르던 내가 얼핏 생각해도 이민자로서 이 나라에서 잘살 수 있는 방법은 전문직을 갖는 것이었다. 전문 자격증을 필요로 하는 의사나 변호사가 확실하게 미래를 보장하는 직업이라고 생각했다.

그러나 변호사는 언어의 장벽이 너무 높았고, 수학 과학 과목이 필수인 의사 공부는 그나마 도전할 만했다. 4년의 대학 과정이 끝나면 전문 대학원을 가야겠다고 마음먹었다. 그러기 위해서는 미국 학생들보다 더 열심히 공부해야 했다. 그런 가운데 나에게 좋은 아르바이트가 찾아왔다. 시간당 수입도 높았고 학과목들을 복습할 기회이기도 했다.

나에게 시간 경영은 매우 중요했다. 일해서 돈을 벌어야 생활비를 마련할 수 있었고 학교에서 높은 점수도 유지해야 했다. 나름 효율적으로 일하기 위해 애를 썼던 것 같다. 나는 내가 잘하는 화학과 물리학 개인 지도(튜터링)를 했다. 시간이 가면서 나름 인기 있는 교사(튜터)가 되었다. 내 전공이 화학이기도 했고 내가 가장 잘 가르칠 수 있는 과목이기도 했다. 시험 때마다 나의 인기는 점점 더 높아졌다.

공부를 안 하는 저학년 아이들에게 일반 화학과 일반 물리학을 가르치는 일이 있었다. 학교에서 학생들을 소개해주면 도서관의 그룹 스터디 룸에서 그들의 시험 준비를 도와주는 그런 일이었다. 대여섯 명의 학생이 모일 때는 제법 큰 돈을 벌었다. 기숙사마다 소문이 나서 고정적인 단골 학생도 확보한 상태였다. 학생들은 대부분 부자 부모 밑에서 놀고먹는 아이들이었다. 학생들을 처음 가르칠 때의 에피소드는 아직도 나를 미소 짓게 한다.

나는 약간 두려운 마음을 갖고 약속된 그룹 스터디 룸에 들어섰다. 그 방에는 댓 명의 아이들이 책상 위에 앉아 떠들고 있었다. 나는 아무 말도 안 하고 칠판에 주기율표를 그리기 시작했다. 주기율표가 점점 완성되어가자 아이들이 하나 둘 의자에 앉았다. 곧 모두 자리에 앉았고 조용해졌다. 그

복잡해 보이는 주기율표를 외워서 그리는 모습을 지켜보며 엄숙해진 듯했다. 기가 죽은 아이들에게 내 소개를 하며 나의 영어가 많이 부족하니 너희가 이해해달라고 말한 후에 학생들을 열심히 가르쳤다. 아이들의 성적이 올라가고 자신감이 생기는 모습을 보면서 나도 큰 보람을 느꼈다.

내가 화학을 좋아하게 된 동기는 서울의 종로 제일학원 단과반 장기영 선생님의 '완전 화학 강의'를 두 달 수강한 후부터였다. 새벽에 들었던 그 강의는 시작부터 끝까지 재밌는 코미디 교실이었고 화학이란 과목을 너무 쉽고 재밌는 과목으로 바꾸어 준 강의였다. 나는 아직도 그 장기영 선생님의 명강의에 감사를 잊지 못한다.

나는 처음부터 치과 의사가 될 생각은 없었다. 집안 식구 중에 치과 의사가 있는 것도 아니었고, 나는 어릴 때부터 그림 그리기를 좋아했고 수학을 좋아했다. 놀 때도 뭔가를 그리고 만드는 것을 선호했다. 초등학교 시절 나의 장래 희망은 남들이 다 좋아하는 과학자였다. 뭔지도 모르고 막연히 과학이 우리의 미래인 줄 알고 있을 때였다. 달나라도 가고, 산업 대한민국이 나라의 모토인 때였다. 나는 특별할 것이 전혀 없는 아이였다. 그러나 어머니는 늘 내가 의사가 되기를 원하셨다. 그럴 때면 나는 화가가 되겠다며 응수했다. 그

것이 어머니가 제일 싫어하는 대답인 줄 알았기에 더욱 그랬다. 미국에 와서도 대학교 4년 내내 그림 그리는 화구(畫具)를 늘 끼고 다녔다. 결국 나는 화학과 미술을 복수 전공했다. 내 성적표를 본 진로 상담 교수님의 추천으로 치의학 대학원으로 방향을 잡았다.

학교를 다니며 나를 힘들게 했던 일들도 많았지만 내 성격은 매사에 긍정적이었다. 힘들었던 시간이 지나면 그 모든 것이 학습이 되었고 추억이 되었다. 나를 미소 짓게 하는 기억들은, 어려움으로 얻은 학습과 그와 관련된 추억이 함께 잘 녹아서 귀한 경험이 되었다.

<무제>, Acrylic on Wood Panel, 24×24인치

10. 나에게 믿음이란?

대학 시절, 종교학이란 과목을 두 학기 수강한 적이 있었다. 열심히 교회도 다니고 성경도 많이 읽던 때였다. 강의를 시작하기 전까지는 종교학을 종교의 역사나 변천사 정도로 알고 있었다. 정말 부끄러울 정도로 무지했었다. 나와 신과의 관계를 발전시킬 수 있는 성경에 가까운 과목이 아닐까?라는 생각이 들었기 때문이다.

첫 강의 시간에, 내 판단이 완전히 잘못된 판단이었음을 알았다. 칠판에는 '종교란 무엇인가(What is Religion?)'라는 물음이 큰 글씨로 씌어 있었고 한 학기 동안 읽어야 하는 필독서가 네 권이 넘었다. 과제도 네 개를 써내야 하는 그런 과목이었다. 더욱 놀라운 사실은 그 책들이 성경과는 전혀 관계없는 책들이었다는 사실이다. 나의 선택은 크게 잘못된 것이었다. 그때문에 수강 신청 정정Drop and Add 기간 안에 수강 과목을 다른 과목으로 바꿔야 하는지 하는 뜻하지 않은 난관에 잠시 부딪혔다.

한 학기 동안의 수업 계획을 다 말씀하신 교수님은 불을 끄라고 하더니 영화를 하나 보여주었다. 천장에서 조금씩 내려오는 스크린으로 칠판의 큰 글씨들이 가려졌다. 그 영화는 흑백 영화인데 제목은 기억이 나질 않는다. 안소니 퀸과 너무 비슷한 이누이트인(에스키모인)이 나오는데, 나는 그 영화를 얘기할 때 안소니 퀸이 나오는 흑백 영화라고 늘 얘기한다. 그 영화는 필름이 돌아가는 소리만 들리는 무성 영화였다.

첫 장면으로 에스키모인의 장례 행렬 장면이 나온다. 눈과 얼음이 덮인 길을 따라 그 행렬이 이어진다. 눈을 뜬 상태의 살아 있는 노파를 나무판 위에 올려놓고 장정들이 머리 높이 들고 어디론가 가는 장면이다. 행렬은 다시 정렬하더니 큰 바위가 있는 골짜기에서 정지한다. 그곳은 곰들이 서식하는 곳이었다. 나무판에 누워있는 노파를 그곳에 내려놓는다. 한참이나 하늘을 보던 노파가 평화롭게 눈을 감는다. 이것이 첫 장면이었다.

장면이 바뀌더니 남자들이 노파를 내려놓았던 곳 근처의 험한 계곡에서 곰 사냥을 마친 후에 사냥한 곰을 썰매에 싣고 부락으로 내려온다. 곧 제사장인 듯한 노인이 의식적인 춤을 추더니 잡아온 곰으로 제사하는 듯한 장면이 나온다.

다시 장면이 바뀌었다. 가족들이 둘러앉아 잡아온 고기 조각을 잘라서 조금 씹고는 가운데 놓인 커다란 바구니에 던져 넣는다. 한 사람 한 사람의 표정은 모두 진지하고 즐거워 보인다. 화면에 한 사람씩 얼굴이 클로즈업되어 천천히 돌아가는데 어느 노파의 얼굴에서 잠깐 멈춘다. 정지된 몇 초의 시간이 순간적으로 지나간다.

그 노파에게서 몇 개 남은 치아가 빠져나온다. 그 노파는 더이상 고기를 씹을 수가 없게 된 것이다. 고기를 씹던 모든 사람이 그것을 목격하며 잠시 모든 동작이 중지된다. 그 장면에 잠깐 머무르더니 그 노파의 굳은 입가가 클로즈업된다. 잠깐의 순간이 지나자 노파의 입가에 미소가 번진다. 그리고는 아무 일도 없었다는 듯이 고기를 씹는 작업을 계속한다. 그 노파는 그날 동트기 전에 깨끗이 몸을 씻고 자신에게 벌어질 일들을 모두 받아들일 준비가 되어 있다는 듯, 평온함으로 아침을 맞는다. 이미 노파를 싣고 갈 나무판은 마당에 준비되어 있었다. 영화는 그렇게 끝난다. 아무 말 없이 그 영화를 숨죽여 보던 학생들이 불을 켜자 큰 숨을 내쉬었다. 어떠한 대사도 없었다. 스크린은 다시 올라가고 칠판에 씌어 있는 '종교란 무엇인가(What is religion?)'라는 명제가 다시 보였다.

그 영화가 부여준 충격은 오래갔다. 나는 결국 수강 정정을 하지 않고 다음 학기까지 일 년을 들었다. 그 과목은 그만큼 매력이 있었다. 인간이 직면하는 가장 큰 두려움이 종교를 통한 믿음으로 자유로워질 수 있음을 학문적으로 다루었다. 나는 단지 그 과목을 통해서 특정 종교를 더 이해하고 학문적으로 더 배우고 싶었을 뿐이었다. 가벼운 발상이었는데, 죽음을 두려워하지 않던 그 노파의 평화로운 마지막 모습은 두 학기 동안 종교가 무엇인지를 배우는 내내 머릿속에 머물러 있었다.

내게는 타 종교 간의 사실관계가 전혀 갈등이나 충돌로 다가오지 않았다. 각 종교의 입장과 방법론에는 상당한 거리가 실존한다. 하지만 그것이 나와 신과의 관계 설정에 큰 영향을 주지 않았다. 오히려 타 종교에 대한 오해와 진실을 더욱 너그럽게 생각할 수 있었다. 절대자와의 만남을 통해 얻어낸 구원에 대한 절대적 믿음과 고백은 타 종교의 이론 정도로 흔들리는 것이 아니다.

요즘 나를 보고 한국인이면서 한인 교회에 다니지 않는다고 굴절해서 생각하는 분들이 많다. 실제로 나는 개인적으로 보수적이며 전통적이다. 그렇지만 나 자신의 구원에 관해서는 이기적이고 실존적이며, 교리 속에 빠진 거룩함의 의미보다는 나와 절대자 사이의 흔들리지 않는 관계를 더욱 중시한다. 예수님 이후의 믿음은 절대적이고 개인적인 영역의 이슈이다. 집단의 문제가 아니다. 믿음은 나 개인과 신과의 관계라고 생각한다.

11. 꿈속의 길

Acrylic on Canvas, 30×40인치

이 그림은 <꿈속의 길>이다. 시라큐스 대학교는 뉴욕주 북쪽 끝 온타리오 호수 아래에 위치해 있다. 시라큐스는 눈이 많은 도시이다. 그래서 시라큐스를 '눈의 수도'라고도 부른다. 온타리오 호수의 증발된 수분이 차가운 캐나다 북풍을 만나 남쪽으로 밀려 내려와 눈이 되어 엄청 쌓이기 때문이다. 그곳으로 가는 길은 지금도 가끔 악몽 속에 나타난다. 빙햄톤Binghamton에서 북쪽으로 뻗어 있는 81번 간선도로이다. 학생들이 타고 다니는 자동차는 대부분 중고차 가격이 500불~1000불짜리(65만 원~130만 원)였다. 기름 탱크 게이지가 고장난 차이거나, 헤드라이트가 사시가 되어 불빛을 딴 방향으로 비추거나, 자동차 타이어들의 연식이 다 제각각이고 그것도 각기 다른 회사의 제품들이 달려 있는 그런 차들이었다. 눈이 오는 그 도로를 지날 때는 누군가 먼저 주기도문을 외우곤 했던 그런 길이었다.

폭설이 내린 산중턱은 겨울 운전이 위험하니 어른들 말씀을 잘 들어야 한다는 것을 온몸으로 경험했던 장소이다. 그곳은 설경이 아름답기로 유명한 뉴욕주 위, 코틀랜드Cortland에 있는 마의 산중턱이다. 그 산중턱은 기후 변동이 심해서 일기를 미리 가늠키 어려운 장소이다. 뉴욕 웨스트체스터 집에서 학교로 돌아가려면 마지막 산중턱인 그곳을 거쳐야 시라큐스에 도착한다. 거기서 차의 시동이 꺼지고 말았다. 새벽 1시가 넘었는데, 다니는 차들도 없고 눈은 펑펑, 밤새 60센티미터가 넘게 오고 있었다. 도로 왼편으로는 눈 덮인 골짜기와 산이 보이는데 그 검은 보라색 속으로 내가 가야 하는 길이 나 있었다. 암담했다.

제설차가 지나가다가 갓길에 서 있는 내 차를 보지 못하고 밀어버리거나, 눈을 밀면서 내 차를 더 묻어버릴 수도 있는 상황이었다. 눈 오는 바깥세상이 차창으로 보이는데 그 크기가 조금씩 작아졌고, 실내 온도도 점점 내려갔다. 춥고 졸렸다. 이런 상황은 악몽 속에서나 존재할 만한 위험한 상황이었다.

"어둠만이 공포를 덮을 수 있다."

이 순간 힘없이 떠오른 생각이었다. 추위를 못 느끼거나 배고픔을 못 느끼면 그때는 나를 잃을 수도 있다. 그러다가 그만 잠이 들었다.

'하얀 예쁜 길'을 꿈꾸고 있었는지도 모른다. 얼마나 시간이 흘렀을까. 꿈결에 멀리서 삽질하는 소리가 들렸고 사람들의 소리가 점점 가까워졌다. 그 소리에 눈을 떴으나 아무것도 보이지 않았다. 정신을 차리자. 사람들의 소리는 점점 커지고 창문이 조금씩 밝아졌다. 이제 살았나? 천사를 만났다. 지나가던 제설차가 경찰에 알려서 구조대가 왔던 것이었다. 살았다. 차의 문이 열렸다. 밖으로 나오니 하얀 꿈에서 본 듯한 그 길이 내 눈앞에 진짜 예쁘게 뻗어 있었다. 아름다운 부분만 기억에 남고 악몽은 머릿속에서 사라지기 바라는 마음으로, 그 길을 예쁘게 그리고 싶었다.

12. 가짜 포르쉐 선글라스

치과 대학 본과 3학년으로 올라가기 전 방학 때였다. 사실 말이 방학이지 한 주일 쉬며 국가 고사 보드 파트 원(일차 시험)을 준비하라고 주는 시간이다. 큰아이의 첫돌이 다가오던 무더운 여름이었다. 다른 학생들은 피서를 다녀오는 기간이고 카리브 해변에서 멋진 구리색 피부를 만들어 오는 마지막 휴가였다. 같은 반이던 산유국의 왕족 출신 친구는 자가용 비행기를 타고 캐나다에 다녀온다고 했다. 언감생심 나에게는 기간도 짧아서 어디 가서 일할 곳도 없는, 이것도 저것도 아닌 어정쩡한 휴가였다. 쉴 때 아이도 돌봐줘야 하는 아빠이고 아이 혼자 키우느라 힘든 아내를 가끔 쉬게 해줘야 하는 그런 가난한 학생의 휴가였다.

뉴욕 맨해튼 길거리에서 관광객을 상대로 행상을 하는 교회 형님 생각이 났다. 그 형님과 상의하던 중, 내가 사는 곳 East Boston 근처에 경마장이 있는데 거기서 선글라스를 팔면 어떨까? 하는 아이디어가 생겼다. 한 박스에 12개가 들어 있는데 도맷값이 10불이었다. 가짜 포르쉐 로고가 새겨져 있는 멋진 접이식 프레임이었다. 무겁지도 않고 썩을 염려도 없는 선글라스가 12개에 10불이면 5불씩 팔아도 큰 이윤이 남을 것 같다는 생각이 들었다.

주문했던 선글라스 열 박스를 책상에 쌓아 두고, 기다리던 휴가를 맞이했다. 당시에 서폭다운Suffolkdowns 경마장 후문 쪽에 살았는데 그곳에 서폭다운 기차역이 있었다. 막상 장사를 시작하려고 하니 앞이 캄캄했다. 아내와 아기는 이런 나의 심정을 아는지 모르는지 큰 관심이 없는 듯하여 오히려 다행이었다. 120개 중 반만 팔아도 짧은 시간에 많은 돈을 벌 기회라고 생각했다. 100불 투자에 600불을 만들 수 있는 프로젝트였다. 학교에 갈 때 들고 다니던 소위 007가방에 선글라스를 넣고 펼치면 5불이라는 큰 글자가 나오게 만들고 사람들이 다니는 길목에 앉아서 시험공부를 하며 앉아 있을 생각이었다. 간편한 접이식 의자와 007가방 하나면 다 해결되는 비즈니스가 시작되었다.

초심자에게 행운Beginners Luck이 있다고 했던가? 마법의 007가방을 열자마자 두 개가 팔렸다. 역과 매표소를 오가는 셔틀버스 운전사 아저씨가 두 개를 사 주었다. 처음엔 뭔가 되는 것 같았다. 기차가 도착할 때마다 사람들이 역에서 나오는데 참 이상했다. 거기에 노점상은 나뿐이었는데 아무도 눈길을 주지 않는다. 평소엔 몰랐는데 지나가는 분들이 남루한 차림에 대부분 가난한 노인들 같았다.

한낮에 해가 머리끝에 와 있었다. 그늘을 찾아 조금씩 움직인 좌판이 더이상 해를 피해 도망갈 수 없는 위치가 되었다. 가만있어도 구슬땀이 송송 솟아나는 한여름 정오의 역 앞은 정말 적막하고 지루했다. 그 시간은 사람보다 기차가 더 자주 지나가는 듯했다. 더워서 사람이 다니지 않는 그런 시간이었나 보다. 한참 만에 같은 아파트에 사는 이태리 아저씨가 지나가다 나를 보더니 반가워하며 안경 하나를 사 주었다. 첫날은 달랑 3개를 팔고 가방을 접고 집으로 돌아왔다.

나흘 동안 같은 시간 같은 자리에서 장사를 했다. 첫날 샀던 선글라스를 낀 운전사 아저씨가 나에게 반갑다고 손짓을 했다. 그러더니 두 개를 더 사주었다. 자기 친구가 부탁했단다. 정오가 다가오니 나의 좌판은 그늘을 따라서 도는 해시계처럼 또 어제 그 자리에 멈춰 있었다. 뜨거운 태양 아래서 잘 팔려야 하는 선글라스가 별로 인기가 없었다. '생각보다 비싼가?', '너무 싸구려라 관심이 없나?' 이런저런 생각을 하는데 차가 한 대 가까이 온다. 보스톤시 동구East Boston 경찰차였다. 나 보고 대뜸 허가증을 보자고 한다. 나는 그런 것이 없었다. 그 대신 나는 구차한 설명을 했다. 나는 이 동네 주민이고 학생인데 짧은 휴가라서……. 나름 설명을 하고 나니 경찰이 위법이라면서 민원이 들어왔다고 했다. 딱지는 끊지 않고 구두 경고를 하겠다고 하며 안경을 껴 보더니 두 개를 구입해주었다. 자기가 다시 이곳에 올 때 이 노점상이 안 보이기를 원한다고 했다. 내기 기죽지 않게 친절하게 대해주면서도 자기 할 일은 확실하게 하는 것 같았다. 경찰의 법적 명령에 따르는 수밖에 없었다.

장사는 아무나 하는 것이 아니었다. '가짜 포르쉐 안경이 인기가 없나?', '값을 낮추어야 하나?', '어떻게 팔까?' 걱정했는데, 행상 허가를 받아야 하는 것도 몰랐고 그 허가비가 내 총자본보다도 많이 든다는 것도 몰랐다. 결국 장사를 접어야 했다. 반은커녕 한 박스도 못 팔았다. 어처구니가 없는 노릇이었다. 이렇게 선글라스 비즈니스는 막을 내렸다.

휴가를 마치고 학교에 돌아가니 검게 탄 나의 얼굴을 보며 피서라도 잘 다녀왔냐고 묻는 같은 과 친구들 모두에게 포르쉐 선글라스를 휴가 선물로 나누어 주었다. 마치 자가용 제트기 타고 카리브 해안으로 피서 다녀온 산유국의 왕자처럼. 그 후 포르쉐 선글라스는 한 번도 산 적이 없다.

13. 사랑의 빚

미국도 각각의 도시마다 전통적인 특징이 있다. 보스톤Boston은 교육, 뉴욕New York은 상업, 워싱턴Washington DC은 정치이다. 도시의 전통은 무시할 수 없다. 미국에는 공부할 애들은 동부로 보내라는 얘기가 있을 정도이다. 그중에 내가 다니기로 한 치의학 대학원이 있는 보스톤은 공부가 날아다닌다고 농담인 듯 진담인 듯 말하는 도시이다. 보스톤은 그 정도로 학생 인구가 많고 연구소나 학교와 관계되는 산업이 발달한 도시이다. 반면에 시라큐스 대학교는 큰 학교이지만 대도시에서는 차로 네다섯 시간 떨어져 있어서 한적한 캠퍼스를 자랑하는 아름다운 학교였다. 학생들이 안전하게 공부에만 열중하기를 바란다면 좋은 환경의 이 대학교를 추천한다. 이제서야 하는 얘기이지만 내가 대도시에서 대학교를 다녔다면 학업에 열중하기가 쉽지 않았을 것 같다. 치의학 대학원 입학은 꿈도 못 꾸었을 것이다.

미국 치의학 대학원의 입학 과정은 학부 3학년이 끝날 무렵 3학년까지의 성적과 '치의학 대학원 입학 능력 시험Dental Admission Test : DAT' 결과를 가지고 몇 곳을 골라 복수 지원을 하면, 인터뷰 연락이 오고 인터뷰를 거쳐 입학 여부가 결정된다. 나는 늘 대학원은 보스톤에서 다니고 싶었다. 미국에 도착할 때부터 가고 싶었던 도시였다. 전문 대학원을 가기 위해서는 학사 관리가 가장 중요하다. 한 과목이라도 문제가 생기면 입학하는 데 적용되는 '성적 평가점 평균Grade Point Average : GPA' 관리가 어려워진다. 학점 관리를 철저히 해야 한다. 나는 열심히 공부하여 시라큐스 대학교를 우등Magna Cum Laude으로 졸업했다.

미국에는 50개 정도의 치과 대학이 있다. 대학교마다 특유의 프로그램과 장점들이 있고 입학이 쉽지 않기에 여러 곳을 지원한다. 자신의 개성과 재정적 상황에 알맞은 학교에 지원하는 것이 관례이다. 도시마다 생활비가 다르고 학교마다 수업료가 다르기 때문에 잘 고려해서 자기에게 가장 적합한 곳을 정한다. 50개 대학교 중의 한 곳에서 입학 허가를 받았다면 자신이 다닌 대학교에서 나름 공부를 열심히 한 학생이다. 원서는 아무래도 동부쪽으로 쏠리는 경향이 있지만 학교의 수준 자체는 대동소이하다. 지금 생각해보니 개인적으로는 은행 빚을 많이 지지 않고 공부할 수 있는 곳이 가장 좋은 학교이다. 나는 학생수가 적은(당시 정원 45명) 보스톤 대학교의 치의학 대학원을 선호했다.

내가 그 많은 대학교 중에 꼭 보스톤 대학을 선택한 이유는 인터뷰할 때 느꼈던 가족적인 분위기 때문이었다. 교수와 학생들의 대화 사이에 내밀하게 담긴 가족 같은 친밀함이 마음에 들었고, 뭔가 합리적인 면학 분위기가 마음을 설레게 했다. 등록금은 부담스러웠지만 나의 생각은 적중했다. 본과 4년을 성공적으로 마칠 수 있었다. 생각해보면 보스톤 치과대학에 사랑의 빚을 많이 졌다. 본과 3학년 때 아내가 감기로 아파서 누워 있던 며칠 동안, 아기를 돌봐줄 사람이 없어서 갓 돌 지난 큰아이를 데리고 학교에 간 적이 있었다. 아이는 한 번도 울지 않고 교수님 방에서 직원들의 배려를 받으며 인기를 한 몸에 받고 잘 놀기도 했다. 지금도 감사하게 생각한다. 그뿐만 아니라 학교에서는 나를 돕기 위해 특별히 조교Teaching Assistant 자리를 만들어주기도 했었다. 본과 4년 동안 나는 물 만난 고기 같았다. 그리고 나는 학교의 배려에 늘 최선의 결과를 가져다주었다. 내가 잘 배우고 좋은 학업을 성취할 수 있도록 도와주고 가르쳐준 보스톤 치의학 대학원에 매우 큰 사랑의 빚을 지고 졸업했다.

"호랑나비야 날아봐 ! 하늘 높이…"

올해 여름은 호랑나비처럼 날아다닐 테다.

<호랑나비>, Summer Acrylic, 24×36인치 (2020년)

Part Ⅱ

<뉴욕 뉴욕 Ⅰ>

<우리가 사는곳>, Acrylic on Canvas, 24×34인치

1. 첫 출근

1986년 9월 뉴욕 대학교NYU 첫 출근 때의 기억은 아직도 생생하다. 나는 학생인지 교수인지 구분이 안 되는 앳된 모습의 풋풋한 청년이었다. 동양인의 얼굴은 나이보다 유난히 어리게 보인다. 신입생 중에는 재수생 삼수생도 있고 다른 분야의 일을 하다가 다시 준비하여 들어오는 경우도 많았다. 학생들의 평균 나이는 제법 많은 편이다. 그러다 보니 나보다 나이 많은 학생들도 많았고, 다른 전문직에 종사하다가 온 학생들은 매우 어른스러워 보였다. 그때 내 나이 고작 28살이었다. 교수실에 가거나 연구실에 가면 한동안 학생인 줄로 착각하는 에피소드는 다반사였다. 엘리베이터에서 만난 어떤 본과 3학년 학생은 내가 신입생인 줄 알고 현미경을 살 생각이 있으면 연락하라는 쪽지를 건낸 적도 있었다. 당시 나의 직함은 조교수Assistant Professor였다.

나는 학생들과 함께 성장하기로 마음먹고 첫 출근을 했다. 사실 내가 교수를 하겠다고 생각한 이유는 더 배우고 싶어서였다. 연구도 하고 가르치기 위해서는 계속 공부를 해야 했다. 당시 치과 분야는 혁명적인 변화가 일어나고 있을 때였다. 요즘은 대중에게 친숙한 인공 치아 시술(임플란트)이

태동하고 있을 때였다. 나는 늘 그 분야에 관심이 있었는데 하늘은 스스로 돕는 자를 돕는다고 나에게 좋은 기회가 찾아왔다.

내가 뉴욕 대학교 치과 대학의 교수직을 맡은 이듬해에 미국 치과 대학 최초로 치근 이식술 2년 과정 프로그램이 생겼다. 수술과 보철(補綴)을 함께 하는 프로그램으로 일주일에 이틀을 공부하는 프로그램이었다. 첫해 다섯 명의 교수들이 학생이 되어 배우는 2년 과정이 시작된 것이다. 그 프로그램을 운영하는 동안에도 교수의 급여를 받았다. 특혜를 받은 셈이다. 운이 좋아 그 프로그램에 합류할 수 있었다. 시험 단계였기 때문에 의도적으로 그 프로그램에 교수 5명을 선발하여 시작한 것이었다. 치의학 학술 저널에 5명의 모집 광고가 나갔지만, 이미 참가하는 인원은 정해 놓은 상태였다. 나에게는 생각지도 못했던 기회였다. 나는 그 프로그램에 지원했다. 지금 생각해보면 나에게 주어졌던 배움 중에 가장 의미 있는 과정이었다. 당시는 인공 치아 시술(임플란트) 초창기였기 때문에 일반인은 그것을 이해하기 어려웠다. 하지만 지금은 그 기회 덕분에 임플란트 분야에서는 뉴욕 근방에서 가장 오래된 유경험자가 되어 있다.

학생들과 함께 25년이란 세월을 지냈다. 그러다 보니 내

또래의 다른 사람들보다 젊은이들과 접할 기회가 많았다. 그래서인지 주위 사람들이 나를 젊게 봐주는 경향이 있다. 과일가게 아르바이트 때 먹었던 엄청난 양의 과일과, 젊게 살았던 25년의 대학교 생활 때문이라고 생각한다. 아직도 마음은 늘 젊은 학생 같은데 몇 번의 대수술을 거쳐 어느덧 중년의 노인이 되었다.

<**여름 엽서**>, 수채화, 엽서 한 장 크기

2. 치과 이야기

36년 동안 교포 사회에서 치과를 운영하다 보니, 자연스럽게 환자의 가족까지 알게 되어 친밀한 관계로 발전하는 경우가 많았다. 소개하려는 에피소드는 이십 년도 넘은 일이라서 이젠 오래된 농담이지만, 어버이날을 즈음하여 들려주는 덕담(德談)으로 좋을 것 같아 소개하려고 한다. 이 사연은 30여 년 전으로 거슬러 올라간다.

어떤 멋쟁이 젊은 여성분이 치아에 문제가 생겨서 방문했다. 이 여성은 단아한 의상에 곱게 화장을 하고 나름 품위를 갖추고 있었다. 직장 생활을 하는 분 같지는 않았고, 언행(言行)이며 인상이 비교적 어려움을 겪지 않고 살아온, 삶의 여유와 당당한 자신감이 엿보였다. (이력과 경력은 그 가족과 친구가 되어 나중에 자연스럽게 알게 되었지만) 이 이야기는 한국에서 명문 대학을 졸업하고, 뉴욕에서 박사과정 대학원에 다니는 총각에게 갓 시집온 새댁, 김 여사의 이야기이다.

그녀가 호소한 통증 유발 치아는 표면적으로는 금으로 잘 치료되어 있었다. 그러나 방사선 촬영을 해보니 속 안이 많이 상해 있었다. 통증 있는 충치가 하나뿐인 줄 알았더니 상한 치아가 몇 개가 더 있어서 음식을 먹을 때마다 불편을 느꼈을 터였다. 문제의 치아 보존물을 떼어내기 전에, 가능성 있는 진단 결과와 후속 조치에 관해서 설명해야 한다. 일단 금봉을 떼어 내고 충치 부위를 완전히 제거한 후 항상 의례적으로 환자에게 하는 질문을 했다. 어떤 재질로 보존 치료를 진행해야 할지 환자가 결정해야 하기 때문이다.

"금(金)봉으로 할까요? 은(銀)봉(아말감으로 때우는 저렴한 치과 재료)으로 할까요?" 환자는 대답 대신 미국에서도 은봉을 쓰나요? 하고 되물어왔다. 나는 잠시 당황했다. 당시 은봉 즉 아말감은 미국에서 가장 많이 쓰는 흔한 재료로, 오랫동안 써왔고 아직도 많이 쓰는 유일한 경제적인 치아 보존 재료이다. 물론 내 질문에는 젊은 유학생의 아내인 그녀의 경제 사정을 고려해서 원래 있던 금으로 치료하려면 큰 비용이 드니까 합리적인 결정을 하라는 뜻도 내포되어 있었다. 그러나 그녀 역시 당황해하며 "금으로 치료했던 치아인 만큼 당연히 치료도 금으로 해야 하는 것 아닌가요?" 하며 반문했다. 당시만 해도 미국의 치과 치료비가 서울보다 많이 든다는 사실을 대부분 인지하고 있었기 때문에 이민을 떠나기 전, 한국에서 치과 치료를 완벽하게 받고 출국하는 것이 보통이었다. 그녀는 다행히 남편의 치과 보험이 있다면서 좋은 보험이라는 보충 설명까지 해주었다.

직원이 보험회사에 알아보는 동안 문제의 충치를 완전히 제거했다. 그런데 보험회사에 문의한 결과는 그녀의 예상과 조금 달랐다. 유학생 남편의 학교 치과 보험으로는 금봉으로는 치료가 안 된다는 것이었다. 그녀는 남편의 치과 보험이 이런 줄 몰랐다며 큰 실망을 했다. "금봉은 얼마인가요?" 당황해하는 기색이 역력한 얼굴로 비용을 물어보는데 대답하기조차 민망했다. 치료비를 얘기해주자, 예상대로 어쩔 줄 몰라 하면서 "비싸구나." 탄식 섞인 혼잣말을 했다. 그러면서 날 원망하는 듯한 표정을 지어 나 역시 당황했다. 김 여사는 잠시 깊은 고민에 빠진 듯 보였다. 그러더니 결국 남편과 의논하지 않고, 보험이 허락하는 한도 내에서 은봉, 즉 아말감으로 치료를 받겠다고 말했다.

결혼하기 전에는 부모님이 알아서 다 해주던 치과 치료, 치료비 따위 개의치 않고 무조건 제일 좋다는 금으로 치료했던 그녀의 치아는 이제 경제적인 사정을 고려해야만 했다. 아직 학생인 남편에게 큰 부담이기 때문이다. 결혼 전 금전적인 어려움을 느끼지 못하고 살아온, 풍요롭던 시절을 떠올리는 듯한 슬픈 표정이 그녀의 얼굴에 잠시 스치는 듯했다. 좋은 것만 누렸던 시절, 부모님으로부터 최고의 것을 당연하게 받은 많은 혜택, 뒤늦게 깨달은 부모님에 대한 고마움,

더 그리워진 친정어머니가 그녀의 머릿속을 헤집고 있을 것이라고 생각하니 치료를 하는 동안 짠한 마음과 연민이 느껴졌다. 나중에 들은 얘기로는, 그날 저녁 김 여사는 밥을 먹다가 울음을 터뜨렸다고 한다.

그리고 몇 년의 세월이 지나는 동안, 공부를 마친 남편은 큰 회사의 연구원으로 취업했고 김 여사는 아이들도 낳았다. 그 후 어느 날, 김 여사가 친정어머니와 함께 병원에 찾아왔다. 새로 태어난 손자를 돌보러 잠시 미국에 오신 친정어머니가 갑자기 통증과 함께 보철이 불편해서 치과를 찾았던 것이다. 친정어머니는 "간단하게 응급 치료만 해달라."고 나에게만 조용히 말씀하셨다. 통증이 심해서 왔지만, 한국에 돌아갈 때까지 견딜 정도로 최소한의 치료를 받겠다며 거듭 당부하셨다. 알고 보니 그날도 치료비 걱정에 병원에 가지 않아도 된다고 우기는 어머니를 김 여사가 억지로 모시고 온 것이었다.

환자는 간단한 치료를 원했지만, 치아는 이미 시기를 놓쳐서 발치(拔齒)를 해야만 하는 상황이었고, 그렇게 되면 쓰던 보철물을 새로 만들어야 했다. 친정어머니가 염려했던 비용보다도 김 여사는 그 불편함을 참고 사셨던 어머니에 대한 속상한 마음에 "엄마는 왜 이 치료도 하지 않고 살았어?"라고 하면서 오히려 엄마에게 화를 냈다. 어머니 치아에는 금봉을 한 치료가 하나도 없었다. 유효기간이 지나도 한참 지난 오래된 은봉과 흔들리는 부실한 치아를 가진 모친을 바라보는 딸의 속상한 심정이 내게도 느껴졌다. 딸에게는 늘 금봉으로 해 주셨던 엄마지만, 정작 본인은 치과도 맘대로 못 가셨던 어머니였다. 아마 당시 한국의 어머니들 대부분이 이런 삶을 살지 않았을까 싶다. 김 여사는 자신을 포함하여 막냇동생 교육비까지 대느라 친정어머니가 제대로 된 치료조차 못 받으셨다고 어머니를 나무라는 듯한 변명을 하였다. 그동안 한 번도 자식들에게 당신의 불편을 내색한 적이 없는 어머니는 말이 안 통하는 미국에서 치통을 앓게 되자 어쩔 수 없이 부실한 치아를 딸에게 그대로 공개할 수밖에 없었다. 김 여사는 그날 또 저녁밥을 먹다가 눈물을 흘렸는지 모른다.

20여 년의 세월이 지난 지금 김 여사는 세 아이의 엄마로, 씩씩한 뉴저지의 베테랑 아줌마가 되었다. 금봉, 은봉에는 관심도 없이 종일 애들 뒷바라지하느라 학교로, 방과 후 레슨으로, 아이들의 운전기사를 하고 저녁 식사 준비를 하다 보면 하루해가 훌쩍 지나가는, 전형적인 교포 가정의 엄마가 되었다. 현재 큰 통신 회사의 고급 연구원으로 있는 김 여사의 남편, 김 박사는 가끔 나와 골프를 치는 친구가 되었고 아이들은 잘 자라고 있다. 김 여사는 그때 친정어머니 얘기를 가끔 내게 말하곤 한다. 그녀에게는 큰 사건이었나 보다. 어머니의 사랑을 어떻게 말로 다 표현할 수 있을까? 자녀들을 잘 키우고 그들에게 행복한 환경과 많은 기회를 만들어주고 싶은 똑같은 엄마의 모습으로 사는 김 여사 역시 자신의 어머니 모습을 닮아가고 있다.

20년이 지나니 한 세대가 바뀌고 있다. 부모 품의 아이들이 자라면 자신도 아이들을 품어야 하는 부모가 된다. 얼핏 들으면 금봉이 은봉으로 바뀐 어떤 여인의 드라마틱한 개인의 신분 전환처럼 들릴지도 모르나 엄마의 은봉은 자녀들을 위한 희생과 소망이 담겨 있는 위대한 사랑이다. 어머니의 사랑이야말로 모든 사람의 인생에서 가장 빛나는 큰 금봉이 아닐까? 김 박사는 아직도 나만 보면 언젠가 자기 아내 금봉을 해줘야 한다고 농담을 건넨다.

3. 뇌종양 수술

언제부터인가 뒤에서 오던 차가 내 옆을 지날 때 깜짝깜짝 놀라는 현상이 생겼다. 예상치 않던 상황이 발생할 때 놀라는 것과 같은 현상이었다. 주변을 보는 시력이 굉장히 약해졌다. 주변에 사물이 있다는 것을 전혀 몰랐는데, 갑자기 사물이 나타나니 놀랄 수밖에 없었다. 특히 운전할 때 조금 전까지만 해도 보이지 않던 차가 갑자기 앞에 나타나거나 옆으로 들이닥치는 것과 같은 현상을 경험한다고 생각해보라. 놀라지 않을 수 없다. 이와 함께 더운 날씨에도 옷을 두껍게 껴입을 정도로 추위를 느끼는 증세도 겪었다. 마치 고열로 인해 몸살을 앓고 있는 사람 같았다.

2017년 늦봄 동기들과 졸업 40주년 기념으로 속초로 '수학여행'을 갔을 때였다. 그해는 5월부터 유난히 더웠다. 그런데도 나는 추위를 느꼈다. 처음엔 오랜 비행과 시차 적응이 안 돼서 그런 줄 알았다. 그러나 이 모든 것이 머릿속에 자리한 종양 때문이라는 사실을 알게 되었다. 안구 자체의 문제가 아니라 머릿속 한가운데 뇌하수체 바로 앞쪽에 포도알 만한 종양이 생겼단다. 그것이 시신경을 누르면서 점점 좁아지는 시야를 만들고 있었던 것이다. 뇌 한가운데 있는 종양을 제거하는 수술이 필요했다. 그 수술은 코를 통해 뇌를 감싸고 있는 뼈의 기반을 뚫고 종양에 접근하는 방법을 써야 하는 수술이었다.

이 수술은 머릿속 좁은 공간에서 시신경을 둘러싼 종양을 제거하는 수술이다. 수술할 때 다른 혈관과 시신경에 더 많은 손상을 줄 수 있다는 사후 증세들에 대해 사인을 해야 했다. 나는 이 대목에서 잠시 아찔했던 기억이 있다. 시각 장애인이 될 수 있다는 것을 받아들이는 과정이었다. 하지만 나는 선택의 여지가 없었다. 그런데도 사인을 하고 수술 후 생길 모든 위험을 받아들여야 했다.

짧은 순간이었지만 마음으로 기도했다. 무엇보다 다른 선택이 없었으니 말이다. '보아도 보지 못하는 것들이 많았듯이 눈이 안 보이면 더 많은 것을 볼 수 있는 영안(靈眼)이 밝아질지도 모르지 않는가?'라는 억지스러운 이기적인 믿음이 그 순간 여유 없는 마음을 위로했고 그나마 그것이 힘이 되었다. 인간의 합리적 판단이 마치 믿음인 양 나는 그 생각을 붙들기로 한 것이었다. 그 순간에도 철저히 이기적이었던 나를 생각하니, 그 모순에 소름이 돋았다. 그렇게 포장한 어리석은 믿음을 근거로, 잃고 얻음을 저울질하고 있었던 것이다. 그런데도 뻔뻔스럽고 이기적인 나를 사랑하시는 그분의 은혜를 생각하면 감사한 마음이 든다.

누구나 급한 상황이 오면 자신의 믿음을 시험하는 순간이 온다. 내가 얼마나 비합리적인 믿음에 젖어 있었는지, 그런 순간마저 나는 나의 믿음을 포장하고 있었으니 말이다. 나를 태운 바퀴 달린 침대는 차가운 수술방으로 들어갔다. 수술을 집도할 의사들에게 짧게 눈인사를 하고 눈을 감았다. One two three four…….

<**포코노의 숲**>, Acrylic on Canvas, 12×16인치

4. 아픔도 아름다울 수 있다

열흘의 병원 생활은 분명히 세상과 결별된 외출이었다. 그곳은 오직 고통과 희망이 주삿바늘 끝의 날카로운 선택처럼 오고갔던 것 같다. 7시간의 긴 수술을 마쳤다. 시신경을 누르고 있던 종양은 나를 불편하고 아프게 했었다. 그것을 떼어냈다. 예전 같으면 두개골을 열고 수술했었다던데, 고굴절 렌즈의 발달과 내시경 시술을 이용해서 뇌종양을 제거했다.

비몽사몽간에 눈을 뜨니 더욱 밝아진 세상. 아! 잘되었구나……. 중환자실로 옮긴 후 검사를 하기 위해 매시간 나를 깨우는 간호사들의 북적거림, 여기저기 내 몸에 연결된 호스들은 어디서 오고 어디로 가는지 물어볼 힘도 없었다. 더이상 찌를 곳이 없을 것 같은 나의 팔뚝은 몇 시간마다 해야 하는 피검사로 이미 멍 자국과 주삿바늘 자국으로 만신창이가 되어 있었다. 그러나 2시간마다 몸속으로 들어오는 모르핀의 전능함조차 진정시킬 수 없던 것은, 내 속에서 매일매일 선명해지고 커가고 있는 감사한 마음이었다.

오랜 치과 의사 생활 속에서 환자를 통해 배운 것이 있다. 몸을 험하게 쓴 사람과 정성껏 관리하는 사람은 다르다. 물론 부모에게서 받은 유전적인 우성과 열성은 존재하지만, 그것도 결국 자기 관리에 의존하는 몸이 되고 만다. 암 전문가의 말이 생각난다. "예전처럼 사람들이 60세쯤 죽는다면 암은 희귀한 병이었을 겁니다. 기대 수명이 80세가 된 이 시대에는 미국 시민도 50퍼센트가 암에 걸립니다. 문제는 어떻게 안 걸리느냐입니다." '정기검진과 조기 발견'이 열쇠라고 이야기한다. 예방이야말로 가장 현명한 치료이다. 정기검진의 중요성을 꼭 기억하자. 자기 공명 장치(MRI) 진단 확인 후 5일 만에 수술을 받고 혹을 떼어 냈다. 정말 감사한 일이 아닌가.

아픈 경험들은 지금 생각해도 가슴이 먹먹해진다. 30대에 발목을 수술하고, 40대에 목디스크 수술을 받고, 60세가 되기 전에 머릿속의 종양을 떼어 냈다. 학교에서는 의사가 되는 것을 가르치지만 학교에서 가르쳐주지 않는 것이 있다. 환자의 입장이 되어보는 것이다. 이것은 의사들이 꼭 알아야 하는 양식이다.

10년마다 한 번씩 겪었던 큰 아픔들은 내가 나를 만나는 경험이었다. 모든 사람이 자신은 누구보다 자신을 잘 안다고 생각하며 산다. 누군가가 나를 변화시키려 할 때는 늘 본능적으로 반감을 갖고 대했던 기억이 있다. 가까이 있는 부모 형제 친구들에게 더 그랬던 것 같다. 내가 나를 얼마만큼 알고 있을까? 내가 나를 만나기 전에는 다 아는 줄로 착각하고 산다. 그래서 우리는 우연히 혹은 의도적으로 '참 나'를 찾아 배일 길을 나선다. 아픔을 통해 '나'를 되돌아보며 성찰하고 낮아지는 경험은 자신을 만나는 또 하나의 계기가 될 수 있다. 나를 사랑하시는 그분은 혈기 왕성할 30대엔 내 발목을 잡으셨고, 교만이 가득하여 목에 힘을 주던 설익은 40대에는 목디스크 수술을, 그리고 50대가 되어 이제는 인생을 조금 알 만하다고 거드름 피우니 머릿속을 정리해주셨다.

퇴원 길에 눈부시게 푸르른 신록을 보았다. 내가 일주일을 병상에서 비몽사몽의 경지를 헤매는 동안 뉴욕에는 여름이 성큼 들어섰다. 점점 선명해지는 카메라 초점처럼 눈앞에 펼쳐지는 아름다움을 뚜렷이 보았다. 아름다운 자연들이 도처에 널려 있었다. 그러나 나는 바쁜 삶을 산다는 핑계로 감사함을 모르고 살았다. 자연의 아름다움을 성찰하지 못하고 스쳐 지내 보냈던 삶이 아니었나 반성하는 마음이 생겼다. 오늘 본 들녘에 핀 이름 모를 꽃도, 맑고 투명한 소리를 내며 흘러내리는 작은 시냇물 소리도 모두가 나의 모습들 같았다. 아픔도 아름다울 수 있다.

5. 허드슨강의 전망

어머니가 돌아가시기 몇 해 전의 일이다. 어머니가 계셨던 요양원, '허드슨 뷰 재활 센터Hudson View Rehab Center' 그 건물에 들어서면 습관처럼 늘 긴장했다. 엘리베이터를 기다리는 사람들의 얼굴 대부분이 초조해 보였다. 그곳에 계시는 어르신들의 가족이었다. 매일매일이 뉴욕 날씨처럼 변덕스러운 어르신들의 건강 상태는 매번 다를 수가 있기에 그 가족들의 얼굴에서 쉽게 마음을 읽을 수 있었다. 모두 다른 이유와 다른 진단으로 그곳에 계시는지 모르나 가족들이 탄 엘리베이터 속은 낯설지 않은 무언의 공감이 흘렀다. 한 층 한 층 열릴 때마다 눈앞에 펼쳐지는 광경과 엘리베이터를 타고 내리는 가족들의 마음은 남의 것이 아니었다. 요양원은 그전에는 전혀 상상하지 못했던 다른 세계였다.

엘리베이터가 9층에 도착했다. 엘리베이터의 문이 열리자 잠시 긴장했던 마음이 거의 없어졌다. 평생 나를 사랑하셨던 어머니가 요양하고 계시는 곳이었다. 치매와 파킨슨병으로 고생하시다가 고관절 수술로 인해 이곳으로 오실 수밖에 없었던 어머니. 나는 그때부터 그곳을 어머니가 살고 계신 집으로 받아들여야 했다.

열린 문으로 간호사 대기실Nursing Station이 보이고 그 옆으로 라운지가 있었다. 그곳은 이름 그대로 허드슨강의 전망Hudson View이 최고이다. 내가 도착하는 늦은 오후쯤이면 서쪽으로 떨어지는 해가 맨해튼의 스카이라인을 멋지게 비춘다. 지는 해를 향한 수많은 빌딩의 창문들이 노을에 붉게 물들면 모든 사람의 마음을 충분히 빼앗고도 남았다. 중풍 후유증으로 그곳에 오래 계셨던 할아버지의 말을 빌리자면 근처에 있는 하얏트 호텔에서 바라보는 전망이 부럽지 않은 곳이라고 했다. 그것을 인정할 수밖에 없는 아름다운 광경이었다.

라운지를 뒤로하고 어머니가 계신 방으로 급히 걸어갔다. 병원 응급실이 그렇듯이, 그 병동의 특색은 입원실 문이 늘 열려 있다는 점이다. 일반 병원과 요양 병원은 차이가 있다. 입원실 병동의 방문이 항상 열려 있는 이유는 대부분 물리적 위험이 염려되는 환자들을 모니터하기 위해서이다. 그래서 이 방 저 방에서 가끔씩 들려오는 낯선 높은 소리가 복도 전체에 여과 없이 들리기도 한다.

어머니가 계신 방 역시 문이 늘 활짝 열려 있었다. 어머니가 그곳에 처음에 오셨을 때만 해도 나에게 방문 좀 닫으라고 하셨는데 어느새 열린 방문에 익숙해진 듯했다. 어머니의 모습을 보는 순간, 그때까지 조금 남아 있던 긴장감은 완전히 사라졌다. 그날 어머니의 정신적 컨디션은 나를 알아보시는 순간 판단할 수 있었고, 어머니의 신체적 컨디션은 나를 보자마자 침대에서 내려오시려는 모습으로 알 수 있었다. 이 두 가지가 잘 조합된 날이 점점 줄어드는 듯하여 늘 마음 한 구석이 아팠다.

그동안 잊고 있었던 어머니 발 주물러드리기를 그곳에 가서야 다시 시작하였다. 어릴 때 용돈을 주기 위해서거나 나와 대화하고 싶을 때면 발과 종아리를 주물러달라고 하셨던 기억이 났다. 늘 어머니께서 일방적으로 묻고 나는 그 질문에 답을 했던 것 같다. 그 시간에 어머니는 훈계도 하시고 칭찬도 하셨다. 그랬던 어머니의 발과 종아리는 이젠 잡히는 것이 없을 정도로 가늘어져 있었다. 어머니의 발과 다리를 조심스레 주물러드리는 동안 말없이 좋아하시는 어머니를 보며 이젠 나 혼자 어머니에게 독백을 한다. '엄마, 건강하게 훌훌 털고 빨리 우리집으로 가자.'

의식과 무의식에 관심을 두고 나름 열심히 공부한 적이 있었다. 나 자신에 대해 관심을 두기 시작한 때였다. 입원이 길어지자 나는 어머니의 무의식을 자주 목격했다. 거의 잊고 있었던 사람의 이름을 거론하시는 것이다. 가끔은 내 얘기도 나왔다. 그럴 때마다 어머니의 입가에는 행복감이 번졌다.

식사를 도와드리고 편히 주무시는 모습을 보며 그곳을 나서는데, 미안함을 감출 길 없어 눈가만 젖어 왔다. 엘리베이터를 기다리며 보는 '허드슨강의 전망Hudson View'은 이느새 야경으로 바뀌었다. 그 빛들이 슬픈 아름다움으로 시야를 가렸다. 그날 밤의 나의 Hudson View…….

<허드슨강의 전망>, Acrylic on Canvas, 24×36인치

6. 속죄의 날

어머니날, 어린이날, 아버지날, 심지어는 비서의 날도 있다. 이런 기념일을 거론할 때마다 느끼는 것인데 일 년에 하루 날 잡아 축하하는 상징적 의미가 과연 어머니나 어린이나 아버지들에게 어떤 의미가 있을지 생각해보았다. 매일매일이 어린이날이고 어머니날이어야 하는데, 하루를 정해서 오히려 그날을 지키지 못하는 소외된 사람들에겐 상처를 줄 수도 있다는 생각이 들었다, 일제 강점기의 어린이들도 아니고 핵가족 시대에 돌아가신 어머니를 생각하며 형제들이 모여서 기념하는 것도 아니고, 하루를 달랑 어머니날이라는 명목으로 많은 꽃과 상품들이 봇물처럼 쏟아져 나오는 날로 도배가 된 듯하다.

1914년 우드로우 윌슨 대통령 때 공식적으로 어머니날 법안에 서명했다고 한다. 세상에 어머니에게 빚 안 진 자가 어디 있겠는가? 그걸 반대할 수도 없는 입장이고, 당연히 제정되었을 것이다. 우리나라의 어린이날은 100년 전 방정환 선생이 일제 강점기 때 어린이들을 위해 만든 날인데, 사실 요즘은 집집마다 저녁상 메뉴가 아이들 중심의 메뉴로 결정되는 세상이다. 달랑 이날 하루 어린이날이라고 난리였는지,

놀이동산에는 평소에 데리고 가면 되는데 그날 모든 인파가 몰려서 못 들어가는 상황이 발생한다. 형편 어려운 부모는 아이들에게 선물하지 못해서 마음이 아프고 아이들은 무슨 선물을 받았는지 비교하고 상처받는다.

미국에서 시작된 어머니날 첫 번째 행사는 미국 필라델피아Philadelphia의 워너메이커wanamaker라는 매장에서 시작되었다고 한다. 홀마크 카드회사가 만든 기념일이라는 것도 그렇고, 상업적 목적을 가진 날에 인류가 동참하는 것도 커다란 아이러니이다. 하지만 내 생각이 맞다고 주장하면서 무심코 지나칠 수는 없다. "살아 계실 때 작게라도 매일매일 잘해라." 이 말은 우리 어머니가 살아 계실 때 했던 말씀이다. 어쩌면 사람들은 일 년에 하루만이라도 스스로에게 '속죄의 날'을 만들어주었던 것인지도 모른다.

7. 달걀 콤플렉스

뉴저지에 있는 어느 한식당의 얘기이다. 이 식당은 아침 일찍부터 손님들로 분주하다. 아침 식사를 하기 위해 여러 부류의 식객들이 찾는다. 조기 축구를 하고 온 사람들, 새벽 예배를 다녀온 어르신들, 골프 모자를 쓴 사람들, 간혹 모자를 깊게 뒤집어쓰고 해장하러 온 사람들도 보인다. 아침 메뉴에는 내가 좋아하는 조개 시금칫국이 늘 있어서 나는 그것을 먹곤 한다. 인심 좋게 조개도 많이 들어가 있다. 그렇다고 내가 이 집을 찾는 이유가 조개 시금칫국 때문만은 아니다.

아침에 이 식당에 들어서면 기분 좋은 묘한 행복감이 생긴다. 그건 어떤 메뉴를 주문하든 달걀프라이가 하나씩 나오기 때문이다. 나만 그런 것인지는 모르지만 적어도 나와 동행했던 사람들은 내 생각과 동일하다. '달걀프라이 콤플렉스 세대', 베이비 부머 세대들은 내가 지금 무슨 말을 하는지 다 알 것이다.

이 식당은 맛도 제공하지만 한 시대의 감성을 제공한다. 주인은 달걀이 귀하던 시절을 지낸 60~70년대 사람임에 틀림없다. 그 세대 사람이면 누구나 달걀프라이에 대한 향수를 가지고 있다. 내가 라면을 끓일 때는 지금도 달걀 하나를 넣어야 완성된다. 그것은 10원 더 비쌌던 특라면의 부러움이 아직도 내 생각 속에서 사라지지 않고 남아 있는 추억이다. (달걀 하나가 들어가면 '특'이다.) 도시락에 황금색 달걀프라이 하나가 밥 위에 얹혀 있으면 뚜껑 여는 마음이 얼마나 행복했던가? 요즘 애들은 절대 이해할 수 없는 추억이다. 그 달걀프라이가 빚어낸 에피소드는 많다.

내가 먹어본 가장 맛있는 달걀프라이는 남산 약수터에서 팔던 것이다. 그곳은 사람들이 새벽에 운동하러 모여드는 곳이다. 여명이 남아 있던 새벽, 아버지와 함께 먹었던 달걀프라이의 맛은 그 어떤 것과도 비교할 수가 없다. 달걀의 맛도 맛이지만 그것은 넉넉함의 상징이기도 했다. 도시락에 달걀 하나 얹기도 어려웠던 시절이었다. 다산의 베이비 부머 시대라 형제들은 많았고 집집마다 도시락을 서너 개씩은 싸야 했다. 그러다 보니 다 싸주기는 힘들었을 것이다. 요새는 세상이 바뀌어 엄마들이 따로 콩을 삶아 그 콩으로 하트를 만들어 도시락을 싸준다는 얘기를 들었다. 그때는 무조건 황금 달걀프라이면 넘치는 애정의 표현이었다. 시험 기간인 형제의 도시락에만 넣어주던 황금 달걀프라이, 하숙집에서는 촌지를 받고서 남몰래 바닥에 깔아주었던 달걀프라이였다. 달걀 콤플렉스 DNA는 우리 시대 사람들은 누구나 간직하고 있다.

그 식당은 음식만 파는 것이 아니라 바쁜 이민 생활에 잠시 잊고 살았던 먼 추억 속의 노스탤지어를 판다. 지난 시절에 대한 그리움은 사랑이다. 단지 그 황금 달걀프라이 하나 때문에 차를 몰고 거기까지 가는 것이다. 한번은 세계 변호사협회에 기조연설을 하러 오셨던 당시 대한 변호사협회 회장이었던 학교 선배에게 그 집에서 아침을 대접한 적이 있었다. 맨해튼 그 어느 호텔의 조식보다 감동적인 식사였다고 고마워했다. 쉽게 생각하면 서비스로 주는 곁가지 음식이지만 어떤 사람에게는 어릴 때 향수를 소환하는 그 식당의 탁월한 마케팅 전략이었다고 생각한다.

향수는 무서운 중독성을 지니고 있다. 40~50년이 지나도 우리에게 각인되어 있는 것들이 많다. '황금 달걀프라이'가 시사하는 그 시대의 향수는 어린 시절의 거의 모든 기억을 고스란히 떠올리게 한다. 달걀은 작아도 그것은 내가 어디서 온 누구인지를 알게 하고 작은 것에 감사하며 겸손한 마음을 일깨워준다. 그렇게 어렵던 시절 가운데서도 많은 형제들 사이에 있던 나를 건강하게 잘 키워준 부모님에 대한 감사도 아울러 생각한다. 아직도 냉장고 문을 열면 가장 먼저 눈에 들어오는 탐스러운 음식은 단연코 달걀이다.

8. 내가 나에게 준 크리스마스 선물

언젠가 꼭 가지고 싶은 주방 식칼 세트를 내가 나에게 선물한 적이 있다. 내 손에 잘 맞는 칼을 구하고 싶다는 생각은 오랫동안 해왔지만, 마땅히 마음에 드는 것이 없었다. 그러던 중 환자분과의 우연한 대화 중 어떤 회사의 칼을 권해서 한 세트를 구입했다. 무게감이 있는 칼등과 날의 굴곡이 손목의 유연성을 돕는 인체 공학적 디자인으로 만든 칼이었다. 음식을 할 때는 꼭 그것을 꺼내어 잘 쓰고 있다. 가끔은 자신에게 좋은 것을 선물할 필요가 있다.

올해는 팬데믹 때문에 백화점 쇼핑은 하지 못했다. 인터넷으로 손자 손녀의 선물만 준비하고 직원들에게는 현찰로 대신했다. '나에게 무얼 해줄까?' 하는 생각은 하지 못했다. 24일 크리스마스 전날까지 일을 한 나에게 뭔가를 꼭 대접하고 싶은 마음으로, 용기를 내어 같은 건물 일층에 자리한 네일 스파(손톱이나 발톱을 가꾸는 곳)로 발걸음을 옮겼다. 그곳은 주로 여자들이 출입하는 장소였지만 팬데믹 상황을 이용해 마스크를 낀 채 용감하게 들어섰다. 다행히도 넓은 장소에 손님은 손톱 하는 분 한 명만 있었다. 어떻게 오셨냐고 상냥하게 묻는 여직원에게 발을 서비스받고 싶다고 조용히 얘기했다. 이런 곳은 처음 와본다고 미리 얘기하고 안내를 받았다. 신발을 벗고 양말을 벗는데 긴장이 되는 이유는 무엇일까? 옷을 벗는 일도 아닌데 많이 부끄러웠다. 처음 보는 여자 직원에게 맨발을 꺼내 보여주는 것이 이렇게 부끄러운지 몰랐다. 서로 마스크로 가린 얼굴이 얼마나 다행이었는지.

발은 우리 몸에서 가장 소외당하는, 아니 천대받는 부분이다. 온몸의 무게를 지탱해주고 균형을 잡아주는 발은 대단히 중요한 역할을 하지만 가장 푸대접받는 몸의 일부분이다. 여자 직원은 나를 높은 마사지 안락의자에 앉게 한 후 내 바지를 접어 올렸다. 내가 보기에도 민망하리만큼 오늘따라 더욱 내 발은 참 못생겨 보였고 발톱도 정말 이상하게 생겼다. 나도 모르게 그 여직원에게 미안하다는 말이 튀어나올 뻔했다. 곧 노련한 원장님이 와서 조목조목 발을 만지며 내 발에 대해 평가를 하더니 관리 좀 받으시면 아기 발처럼 만들어주겠다고 했다.

"발은 제2의 심장이라 불릴 만큼…"으로 시작해서 "많은 말초 혈관이 밀집해 있고 몸의 가장 낮은 곳에 있지만, 그 역할과 기능만큼은 가장 핵심적인 위치에 있는 부위가 바로 '발'입니다. 그리고 발톱 주위로 신경과 혈액 순환이 이루어지므로…" 눈만 껌벅껌벅하며 경청하는데 20년 경력의 전문성이 느껴졌다.

세족을 깨끗히게 히고 마사지도 받고 발톱도 다듬어주고 코팅까지 해주었다. 나는 거의 두 시간 이상을 그분들에게 내 발을 맡기고 눈을 감고 그 시간을 마음껏 누렸다. 나의 두 발은 태어나서 가장 큰 호강을 하는 듯했다. 서울에 혼자 계시는 아버지 생각이 났다. 진작 알았다면 한번 모시고 왔을 곳이다. 팬데믹이 지나가면 서울 가서 꼭 아버지를 모시고 네일 스파에 가봐야겠다. 반짝반짝 빛나는 투명 페디큐어를 보며 '내가 나에게 준 크리스마스 선물'에 감사하고 있다. 메리 크리스마스!

<나의 작업실 간판>, Acrylic on Wood Panel, 12×12인치

9. 나는 빨간 운동화가 신고 싶다

내가 신발에 관심을 가지기 시작한 때는 초등학교 시절이다. 운동을 좋아했던 나는 신발이 다른 아이들보다 빨리 닳고 해졌다. 내 나이를 사는 세대라면 신발의 역사를 기억할 만큼 다양한 디자인과 기능을 접한 세대이다.

검정 운동화나 기차표 운동화부터 내 기억은 시작된다. 까만색으로 거의 통일되었던 시기부터 만화 신발, (이때부터 다양한 색이 등장하여 신발의 개념을 바꾸기 시작했다.) 축구화, 그러더니 미군 부대를 통해 들어온 BB 농구화라는 미제 신발까지 신어보고 미국에 왔다. 그 후 잠시 운동화가 신발장에서 썩고 있을 때도 있었고 평상화로 그 디자인과 재질을 바꾸기도 했으며 청바지에 맞는 가죽으로 만든 편한 신발들이 많이 나왔다. 그때까지만 해도 운동화는 막 신발이고 값도 싼 편이었다. 테니스가 유행하면서 리복과 아디다스, 나이키, 필라가 나왔고, 농구가 유행하면서 마이클 조단, 컨버스, 뉴발란스 등 일반 구두보다 비싼 운동화가 줄줄이 나왔다.

학교에 강의하러 갈 때와 예식 참석을 제외하면 나는 평생 청바지를 입고 일했다. 주위 사람들의 권고에도 개의치 않고 내가 제일 편한 바지를 입고 일했다. 당연히 신발도 청바지와 어울리는 운동화 종류를 신었다. 그래도 나름 깔끔하고 편한 디자인의 기능성 평상화(운동화 비슷한 신발)를 신었다. 나는 평발이다. 아무리 비싼 고급 브랜드의 구두도 나에게는 고문이다. 내 몸이 편해야 환자도 집중해서 치료할 수 있다. 그래서 대충 수술복 윗도리만 입고 일한다. 그래서 활동하기 편한 청바지가 20개 정도는 된다.

평발인 나에게 편한 신발은 참 귀했다. 그런데 최근에는 인체 공학 어쩌고저쩌고하면서 신발 연구를 많이 하는 것 같다. 그래서 요즘 나오는 신발들은 대부분 아주 편하다. 요즘 내가 제일 좋아하는 브랜드는 '콜 한Cole Haan', '스케쳐스Skechers'이다. 발바닥의 아치 모양과 가벼운 재질로 신축성이 있어서 못난 나의 발을 보호해주는 데 부족함이 없다. 정말 신발을 인체공학적으로 만든다.

요즘 들어서 꼭 신고 싶은 신발이 있다. 그것은 빨간색 운동화이다. 이런 마음이 든 것은 사실 오래전이다. 그런데 왜 나는 그 빨간색 운동화를 못사는 것일까? 이 얘기를 하려고 진부한 얘기가 이렇게 길었나? 여자용 색깔이라고 평생 나에게 차별받던 그 신발이 신고 싶다. 까만 바탕에 붉은 줄이 있거나 바닥만 붉은 정도까지는 접근했던 적이 있지만 정말 빨간 신발은 아직 신어보지 못했다. 나는 스스로를 개성을 존중하는 사람이라고 자부해왔었다. 평생을 규범이나 관념에서 벗어나서 살고자 했던 사람이다. 전형적인 것을 거부하는 편이다. 그러면서도 빨간 운동화를 못 신는 이유가 무엇일까? 나는 빨간 운동화를 신고 싶다.

<명자꽃>, Acrylic on Wood, 12×12인치

10. 완벽함이란 허구

완벽함이란 허구의 매력은 충분히 우리를 유혹하고도 남았다. 어릴 때부터 남에게 평가받으며 자랐던 교육 문화 속에서 저절로 생긴 습관이었을 것이다. 음지의 이끼처럼 알게 모르게 커 갔던 완벽주의는 결국 많은 사람에게 열등감이라는 큰 상처를 주기도 했다. 한때는 사상, 이론, 특성 따위를 전체적으로 체현하는 것에 이론적 매력을 느꼈다. 초인이라는 이상을 향하여 끊임없이 자기 극복을 해야 한다고 보았던 것이다. 나와 비슷한 시대의 젊은이들이 그렇게 살았으리라는 것을 의심치 않는다. 한창 성장하던 시절에, 강해지고 싶었던 때에 영향을 주었던 책들이 그랬다. 그러나 결국 타인을 만족시켜야 한다는 강박감, 중압감, 끝없이 특별해야 관심을 받을 수 있다는 병리적 증상을 만들고 말았다. 완벽주의라는 가면 뒤에 두려움을 숨기고 완벽함이라는 허구로 자신을 포장했던 것이다.

미국에서는 대학을 졸업할 때 'Commencement'란 말을 쓰고, 'Graduation'이란 말은 주로 초등학교, 중고등학교 졸업식 때 쓴다. 대학교 졸업식에는 대학교를 졸업하는 학생들뿐만 아니라, 박사학위를 받는 최고 학력의 이수자들도 포함

되어 있지만 '졸업'이란 말 대신 '시작'이란 말을 쓴다. 나는 이 의미에 큰 공감을 받았다. 나이가 들면서 실제로 늘 모자람을 채우며 사는 것이 인생이라는 생각을 자주 하게 된다. 오히려 어리고 멋모를 때일수록 완벽주의나 완벽함이란 말에 더 집착했던 것 같다.

'Practice'란 단어가 있다. 지속적인 반복과 연습을 의미하는 단어인데, 의료 행위를 한다고 말할 때 'Practice Medicine'이라고 말한다. 처음엔 이 말에 공감이 가지 않았다. '의술을 행한다'는 말인데 표현 차이가 매우 다르다. 우리말로 번역하면 '의술을 연습한다'고 할 수 있는데, 이 말은 환자 앞에서는 절대 쓰면 안 되는 말이다. '의술을 베풀다'는 말과는 문화적으로 매우 큰 차이가 있다. 의사가 된 지 36년이 지났다. 지난 36년을 돌이켜 보면 많은 반성을 하게 된다. 알면 많이 보이지만, 알면 알수록 모르는 것도 많아진다. 그래서 끝없이 생각하고 배우고 노력해야 한다.

오랫동안 알고 지내는 랄프 깁슨Ralph Gibson이라는 사진작가와 수년 전 그의 전시 오프닝을 위해 북경(베이징)에 간 적이 있었다. 하루는 둘이 중국 만리장성에 출사를 나간 적이 있었는데, 그에게 당신의 작품은 완벽하다는 말을 건네자 그가 내게 해준 말이 기억난다. "내 사진에 완벽함을 담아본 적은 아직 없다. 그건 불가능하다. 그러나 그 불가능이 늘 매력으로 남아 나에게 도전감을 갖게 한다."

그는 세계 최정상급의 사진작가이다. 빛의 마술사라고도 불린다. 모두가 보이는 것을 찍는데도 그가 잡는 구도와 빛 그리고 그림자의 포커스 포인트는 천재적인 프레임을 만든다. 사진 역사의 레전드 안셀 아담스Ansel Adams도 "완벽한 빛과 구도의 세팅을 한 번도 만난 적은 없다. 완벽한 세팅을 기다렸다면 한 장의 사진도 찍지 못했을 것이다."라고 고백했다. 우리의 삶도 마찬가지가 아닐까? 완벽을 이루지 못했기 때문에 그 묘미와 도전할 이유가 있는 듯하다.

내 개인의 견해이지만 주위에 완벽한 듯한 사람이 훌륭한 경우는 참 드물다. 완벽한 듯 행동하는 사람들은 대부분 열등감도 보이기 쉽다. 우리의 삶은 늘 부족하고 아쉬움투성이이다. 그것이 우리를 도전하게 만드는 삶의 근원이고 에너지이다. 완벽함이 목표가 될 수는 있어도 목적이 되는 삶은 너무 피곤하다. 완벽주의자란 말은 고운 말이 아니다. 질병을 앓고 있는 자를 칭하는 욕이나 다름없는 말이다. 그 완벽이란 허구에 노예가 되어온 사람들이 상상외로 많다. 완벽함이란 허구는 나를 찾아가는 길목에서 만난, 잠깐 스치는 멋진 낭만과 추억 정도로 생각하면 적절할 것 같다.

11. 미술 전시

나는 우리 동네 파인 아트Fine Art 갤러리에서 아트 디렉터Art Director로 일한 적이 있었다. 비영리 갤러리는 아니었지만 관장님의 갤러리 운영 의지와 동기가 좋고 내가 사는 집이나 병원에서 가까워 관장님의 제의를 선뜻 받아들였다. 전시 기회가 없는 로컬 작가들에게 전시 기회를 주고 작가들과 소장가들을 연결해주는 다리 역할을 한다는 취지였다. 물론 작가와 갤러리의 소득도 함께 이루어져야 함은 당연했다. 이 일은 나를 발견할 수 있는 또 하나의 기회여서 나름 성의를 다했던 기억이 있다. 미술 전시는 우리의 인생살이와 많이 닮아 있다.

뉴욕 첼시의 목요일 저녁.

평소엔 조용했던 건물들이 활기를 찾고 골목은 이른 저녁부터 삼삼오오 사람들이 모이기 시작한다. 목요일 저녁은 그곳에 있는 갤러리들 대부분이 전시 오프닝을 하는 날이다. 전시는 작품과 대중의 만남을 기획하는 또 하나의 창작물이다. 갤러리와 큐레이터**가 정한 특정한 주제하에, 선택된 작가들의 작품이 그룹으로 소개되기도 하고 작가들의 작품

** 미술관 등에서 자료의 수집, 관리, 전시, 홍보 등 전문적 사항을 담당하는 사람.

을 가장 잘 소개할 수 있는 주제를 정해 작품들을 더욱 의미 있게 소개하기도 한다. 전시는 작가, 큐레이터, 작품, 관람객 그리고 작품 판매가 잘 조합되어, 모두가 보람 있는 특별한 행사가 되어야 한다.

"전시는 나의 고해성사이며 심판의 날이다. 실오라기 하나 걸치지 않은 벌거숭이가 되어 무대 위에 서 있는 기분이다."

이것이 작가들 대부분이 전시에 임하는 마음이다. 작가들마다 작품의 개성과 성향이 다를지라도 변함없는 사실은 자신의 작품이 있는 그대로 잘 보이기를 바라는 것이다. 그러나 관람객은 대부분 그런 생각을 염두에 두고 작품을 관람하지는 않는다. "축하한다. 느낌이 좋다. 수고 많았다." 그 정도로 보는 것이 예사이다. 작가가 전시를 준비하면서 작품에 정성을 다하며 보낸 시간과 땀과 눈물을 상상하는 관람객은 몇이나 있을까? 그 가치를 귀하게 여기고 캔버스의 어느 한 군데도 의미 없이 점 하나 찍지 않았다는 것을 알고 보아준다면 작가에게는 큰 격려가 된다. 작품을 통해서 구석구석 담겨 있는 완성의 아름다움을 경험하고, 작가의 깊은 노력을 상상하면서 실오라기 하나 걸치지 않은 것 같다는 고해성사를 더욱 진지하게 공감할 수 있다면 성공적인 만남이 이루어질 것이다. 판매도 이 순간에 이루어진다.

전시장에 가기 위해서는 미술을 조금은 알아야 한다거나 혹은 많은 작품을 보았어야 한다거나 하는 '전제 조건'은 따로 없다. 고상하게 격에 치우쳐 전시장에 들어서는 것은 바람직하지 않다. 단지 다른 세계를 만나고 그 안에서 자기만의 생각과 눈으로 작품 속에서 스스로 공감할 만한 것을 얻을 수 있다면 더 좋을 수 없다. 미술을 알아야 한다는 막연한 기우와 닫힌 마음으로는 전시를 즐길 수가 없다. 책을 읽는 것처럼 구절과 구절을 횡단하며 내용에 몰입하는 즐거움과 혼자만의 감동을 경험한다면 더욱 가치 있는 시간이 될 것 같다. 전시는 눈으로 공감하고 가슴이 따뜻해지는 소통의 장이다.

작가와 관람객의 순수한 감동이 소통되고 그 환경과 상황을 준비하는 갤러리와 큐레이터의 진지함과 노력이 합해지면 전시는 성공이다. 우리의 삶이란 무대도 여느 전시와 다를 것이 없다. 자신을 보여주는 진지함과 자신을 찾는 노력이 잘 어우러질 때 그 공감과 소통 속에 삶이 빛나고 행복해질 것이다.

<꼭꼭 숨어라>, Acrylic on Canvas, 18×22인치
저의 귀여운 멍멍이가 보입니까?

Part Ⅲ

<뉴욕 뉴욕Ⅱ>

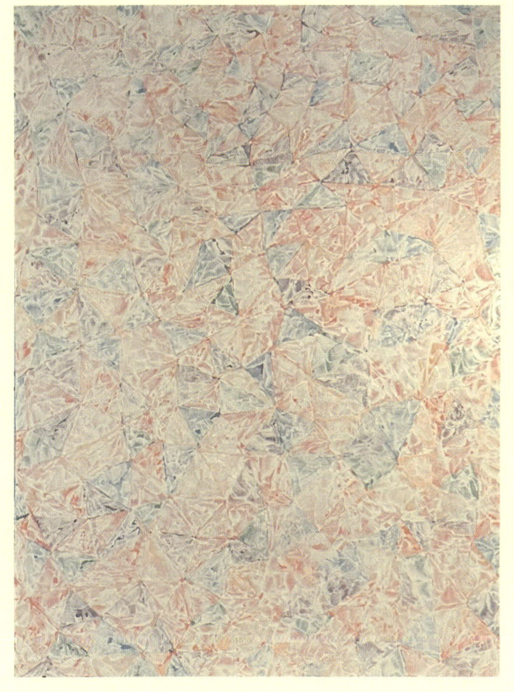

<**외유내강**>, Acrylic on Wood Panel, 36×48인치

1. 깐부

좋아한다는 것은
한편이 되어 치우치는 것이 아니라
균형 있게 바라볼 수 있다는 것이다.
사랑한다는 것은
하나가 되어 구속하는 것이 아니라
각자의 역할이 더 뚜렷해지는 것이다.
좋아하고 사랑하는 과정은
다른 색들이 하나로 섞이는 것이 아니라
각자의 색깔로 서로의 색을 더욱 빛나게 만드는 것이다.

요즘 들어 <오징어 게임>이라는 드라마를 계기로 '깐부'라는 단어를 많이 쓰고 있다. 젊은 세대에게는 생소할 수 있으나 베이비 부머들에게는 추억을 소환하는 단어이다. 동네 딱지치기, 구슬치기할 때 한편이 되어 서로를 위한 존재가 되어 마치 협동조합처럼 혹은 공동 투자자처럼 도움이 필요할 때 서로에게 도움을 준다. 새끼손가락으로 깐부를 걸기도 하고 누군가 배반을 하면 엄지로 깐부를 풀기도 한다. 깐부 관계에 규칙과 질서는 꼭 있어야 한다.

나에게도 생각나는 그런 깐부가 있었다. 신촌 어느 화실에 처음 그림을 배우러 갔을 때 청일점인 나는 친구가 없어서 점심도 혼자 먹곤 했었다. 모두가 여학생들이라 걸핏하면 나는 웃음거리가 되었고 극성스러운 아이들이 많았던 터라 정신 줄 바짝 붙들고 잘해야 했다. 그런 와중에 성격이 좋은 여학생 하나가 자기네와 깐부를 하자고 제안했다. 그렇게 되면 점심도 같이 먹고 가끔은 재료를 서로 빌려 쓸 수도 있었다. 몇 명이 함께 깐부였는데 나 혼자 남자라고 더 잘해주었던 것으로 기억한다. 그 후엔 밥도 혼자 먹지 않고 화실 생활도 많이 편해졌다. 그때 깐부들은 한쪽으로 치우치지 않고 구속하지 않고 각자의 일을 열심히 하면서 서로에게 도움이 되었던 것 같다. 오래 지속된 일이지만 그때 그 친구들을 아직도 기억하며 연락하고 지낸다. 아마도 그럴 수 있었던 것은 우리들 깐부 간에 잘 만들어진 나름의 규칙이 잘 존재했기 때문이었던 것 같다.

우리는 살아오면서 많은 사람과 깐부 관계를 맺으며 산다. 학교에서 직장에서 정기적으로 골프를 치는 모임에서, 어떤 관계에서나 적용되는 몇 가지 관계 규칙을 잘 존중하며 살아야 한다. 그러면 그 관계가 오래 지속된다. 서로 위한다는 것은 서로가 희생을 강요하거나 구속하여 묶는 관계가 아니다. 각자의 좋은 점을 인정하고 자신의 존재가 깐부 관계를 더욱 빛나게 해주는 존재여야 한다.

<써머 와인>, Acrylic on Canvas, 24×36인치

2. 왜?

아이들이 자라면서 부모에게 '왜Why?'라는 질문을 하기 시작할 때가 있다. 무엇을 시킨다거나 가르치려 들면 '왜?'라는 토를 달며 적절하지 않은 태도Attitude를 보이기 시작한다. 아이가 몰라서 질문할 때와 알면서 물을 때가 있다. 처음엔 부모가 성의껏 논리적으로 그 이유를 설명해준다. 그러나 이야기 도중에 질문이 호기심에 근거한 것이 아니라 반감의 표현이나 태도로 바뀌는 때가 있다. 이쯤이면 부모들은 누구나 '아이들이 해야 하는 것'을 하기를 원하는데, 아이들은 '자기가 하고 싶은 것'만 하기를 원하는 때가 온 것이다. 이런 충돌은 어느 집이든 아이들과 한 번쯤 반드시 겪는 과정이다.

이때 부모는 대부분 '남들 다 하는 것이면 너도 해야 하는 것'이라는 일반적인 생각으로 밀고가지만 아이들이 '나는 싫어'라고 억지를 부리면 당황해하지 않는 부모가 없을 것이다.

내 아이들의 유 · 초등학교 시절에는 나름 아이들에게 민주적으로, 스스로 깨닫게 한다는 생각에 스스로 답을 얻게 하려고 노력했었다. 아이가 잠자리에서 일어나기 싫어 '학교에 안 갈래' 하면 나는 '가지 마'로 대응했다. 그러다 보면 한 시간도 안 되어 심심해진 아이는 학교에 데려다달라고 울며 떼를 쓰곤 했다. 그만큼 내 아이를 잘 안다고 생각했는데, 어느 날 아이가 '수학이 싫어. 안 할래~'가 아니라 더 구체적으로 '왜 수학을 해야 해요?' 하는 때가 오면 많이 곤란해진다.

미국의 대학입학 수학능력시험SAT 시험에서 가장 중요한 과목은 영어와 수학이다. 그만큼 언어 능력과 수리 논리가 대학 과정에, 아니 학습 능력을 평가하는 데 중요한 역할을 한다. 그런데 아이가 수학이 싫다고 하면 부모는 참 난감해진다. 유 · 초등 시절의 '왜?'는 대부분 순순한 호기심으로 시작하지만, 사춘기에 들어서면서 시작하는 '왜?'는 많이 다르다. 유 · 초등학교 시절 아이들은 성의껏 대답해주면 잘 받아들인다. 그러나 사춘기 때 하는 '왜?'는 도전이고 한판 뜨자는 반항인 경우가 많다. '왜 학교에 가야 해?'라는 질문처럼 '가지 마'로는 대답할 수 없는 질문이다.

소위 범생인 큰아이 때는 잘 모르고 넘어갔던 일이 작은 아이에게서 벌어졌다. 수학을 왜 하느냐는 질문이 들어왔다. 늘 순발력이 있고 판단도 빨라서 둘째 아이는 뭘 해도 잘할 것이라고 믿었는데 그런 엉뚱한 질문이 나왔다. 집에서 공부해도 되는 것을 왜 학교에 가야 하냐며 시험을 보면서 비교당하는 것이 싫다는 얘기이다. 난감해지는 상황이 왔다. 이

때 만약 내가 '남들 다 하는 건데 왜 넌 불만이냐?'고 얘기하면 불에 기름을 붓는 것이나 다름이 없다.

나는 아이에게 상금을 걸고 문제를 하나 제시했다. 20불을 줄 테니 슈퍼마켓에 가서 올리브유를 사 오라고 했다. 단, 그것이 '가장 좋은 구매Best Buy'여야 하고 그 이유를 납득할 만큼 설명해야 한다는 조건이었다. 어떻게 생각했는지 아이는 쉽게 받아들였다. 아이를 슈퍼에 들여보내면서 '아빠가 주차장에서 기다리는데 아빠가 시간이 많지 않으니 20분 안에 쇼핑을 마치고 나오라'고 했다. 그 주문에 '문제없어요No Problem'라며 천천히 여유롭게 슈퍼 안으로 모습을 감췄다. 들어간 지 5분도 안 되었는데 아이가 나왔다. 그런데 손에는 아무것도 없었다.

아빠에게 질문이 있단다. 'EXTRA VIRGIN'이 무슨 뜻이냐고 묻는다. 나는 아마도 순도Purity가 높다는 뜻일 거라고 얘기해줬다. 그랬더니 자기도 그렇게 짐작했다고 한다. 다시 아들은 슈퍼 안으로 들어갔다. 근데 또 5분도 안 되어 나왔다. 또 빈손이다. 이번엔 다른 질문이 있단다. 엄마가 얼마나 자주 올리브유를 쓰는지 물어본다. 그건 나도 모른다고 했다. 그러면서도 보탬이 될 듯하여 슈퍼에 온 손님 중에 엄마 같은 사람 있으면 물어보라고 얘기해줬다.

10분이 지나고 20분이 다 되어가는데 아이가 나오지 않는다. 나름 고민이 많은가보다 생각했다. 약속된 20분이 지났다. 아이는 어깨가 축 늘어진 채로 빈손으로 나왔다. 그 이유는 자기가 알아야 할 것이 너무 많다는 것이었다. 종류가 너무 많고, 병 크기가 큰데 값이 싸거나, 작아도 비싼 것들, 하나 사면 두 번째는 반값을 할인해준다는 것도 있고, 쿠폰이 있으면 할인되는데 그 안에서는 구할 수가 없고, 나름 아무것도 살 수 없었던 이유를 장황하게 설명했다. 자기 나름의 '가장 좋은 구매'를 결정하기에는 너무 모르는 것이 많았다는 것이었다. 아이는 기운 없이 20불을 나에게 반납했다.

나는 반납한 20불을 아이에게 상금으로 돌려줬다. 아이는 깜짝 놀라며 자기는 한 일이 없는데 어떻게 받냐며 잠시 자존심을 세웠다. 나는 상금을 받아 마땅하다는 설명을 해줬다. 너는 '가장 좋은 구매'를 했다고 얘기했다. 모르면서 오기로 사는 것은 실패할 가능성이 높다고 설명해주었다. 왜 알아야 하고, 공부를 왜 해야 하고, 학교를 왜 다녀야 하고, 어째서 수학을 공부해야 하는지 네가 알게 된 것 같아서 아빠가 주는 상금이라고 하면서 칭찬을 아끼지 않았다.

살다 보면 가끔은 '사지 않는 것No deal'이 '가장 좋은 구매' 일 때도 많다. 모르면서 무모하게 사는 것은 배운 사람들의 방법이 아니라고 설명해줬다. 그 후로 한동안 둘째는 'why?'라는 질문을 하기 전에 한 번 더 생각하는 것 같았다. 세월이 지난 지금 둘째는 그 나름 중요한 위치에서 회사를 이끌어가는 책임자가 되어 있다.

<뉴욕의 가을>, Acrylic on Wood Panel, 48×48인치

3. 나쁜 습관 고치기

큰아이Paul가 초등학교 2학년 때의 일이다. 하교 시간에 아이를 데리러 갔을 때였다. 보통은 엄마가 가는데 그날은 나의 퇴근 시간이 당겨져 집에 오는 길에 아이를 픽업하기로 한 것이다. 차에서 기다리던 엄마들이 학교에서 나오는 아이들을 반갑게 안아주고 뽀뽀도 해주며 아이들을 맞는 엄마들을 보며 나도 큰아이가 나오면 뽀뽀부터 해주리라 마음먹고 기다리고 있었다. 그런데 기다려도 아들이 나오질 않는다.

조금 긴장이 되어 차에서 나와 학교 안으로 들어가려고 하는데 문이 열리더니 선생님과 아들의 모습이 보였다. 반가운 마음에 뛰어가서 아이를 맞이하는데 분위기가 심상치 않았다. 아이는 얼굴이 굳어 있었고 애써 웃는 선생님은 나를 보더니 정중하게 인사를 하고는, 큰아이가 오늘 낙서를 많이 지우고 나오느라 좀 늦었다고 자초지종을 설명했다. 큰아이에게는 내가 모르는 습관, 책상에 낙서하는 습관이 있었다. 첫 번째 경고 때는 자신의 낙서만 지우면 되었는데 오늘은 두 번째 위반이라 교실 전체의 책상 위 낙서를 지워야 했다고 설명했다.

선생님에게 미안하고 고맙다고 인사하고, 나머지는 아이

와 얘기를 하겠다고 말하고는 차에 올랐다. 처음 있는 일이라 뭘 어디서부터 어떻게 얘기를 해야 하는지 머리가 하얘지면서 아무 생각도 나지 않았다. 아이와 대화를 하기 위해 차를 움직여 근처 공원으로 갔다. 이른 오후에 동네 공원은 사람들도 없고 한적했다. 큰아이는 아무 말 없는 아빠가 오히려 더 이상했는지 운전하는 나를 간혹 쳐다보기만 했다.

공원에 도착한 둘은 얘기를 시작했다. 속으로는 애들이니까 낙서도 할 수 있다는 생각도 했지만 같은 반 아이들 앞에서 선생님께 꾸중을 듣고, 온 교실의 책상 낙서를 혼자 남아 지워야 했던 아들의 모욕감을 생각하니 재발 방지를 위한 교육이 필요했다. 더욱이 두 번째 있는 일이라는 것이 마음에 많이 걸렸다. 낙서가 나쁜 것이 아니라, 해서는 안 되는 곳에 낙서하면 잘못이라는 것을 확실히 인식시켜야 하는데, 그것을 조절하지 못하는 철부지 어린아이를 어떻게 해야 할지 정말 난감했다.

큰아이와 대화 중에 자기는 안 하려고 했는데, 자신도 모르게 자기 손이 하게 되었다는 당당한 고백을 들었고 선생님이 지적할 때야 비로소 자기 손이 잘못했다는 생각이 떠올랐다는 것이다. 어쩌면 그렇게도 당당하고 눈빛이 흔들리지도 않던지 내 걱정은 더 커져만 갔다.

옛날 생각이 났다. 내가 큰아이와 비슷한 나이였을 때였다. 엄마의 화장대 옆에는 동전을 모아 두는 작은 통이 있었다. 가끔 그 동전 한 닢 두 닢 들고 나가 친구 또는 동생들과 동네 구멍가게에서 군것질을 하곤 했었다. 엄마가 없는 틈에 몰래 했으니 분명 도둑질이었다. 구멍가게 아줌마의 귀띔으로 알게 된 엄마는 나를 부르셨다. 사건의 경위를 묻고는 어린 나의 손목을 묶으셨다. 그리고 순사에게 전화를 하셨다. 그때까지도 나는 당당한 듯 나의 큰아이처럼 울지 않았다.

진지한 재판정 같은 분위기였다. 집에 도둑이 들었으니 잡아가라고 하셨다. 당시 제일 무서운 것이 순사였다. (당시에는 경찰이라는 칭호보다 순사라는 일본식 칭호에 더 익숙했다.) 옆에서 이 광경을 지켜보고 계시던 할머니는 나와 눈을 마주치지도 않고 '이를 어쩌나, 우리 영진이 도둑질해서 순사가 잡아간다' 하면서 '아이고, 아이고' 하셨다. 나는 그때 그런 할머니를 보고서야 눈물이 터졌다. 결국 엄마는 순사에게 다시 전화를 했다. 영진이가 다시는 안 그럴 거 같으니 용서해주자고 했다. 순사는 오지 않았고 흐느끼며 반성하는 나는 용서를 받은 적이 있었다. 이런 경우 용서의 유무와 관계없이 다시는 그런 일이 없게끔 확실한 경고가 전달되어야 한다. 큰아이의 경우도 마찬가지이다. 자신은 안 그러려고 했는데 자기 손이 그랬다고 당당하게 얘기하는 아이에게 어찌 해야 한단 말인가?

나는 아들에게 공원에 떨어져 있는 나뭇가지를 단단한 것으로 몇 개 주어 오라고 했다. 아이는 시키는 대로 했다. 몇 개를 가져왔는데 쓸 만한 것은 하나도 없었다. 그래서 내가 단단한 것으로 다시 주워 왔다. 그 손이 잘못한 것이니 손을 혼내주어야겠다고 얘기한 후, 아빠도 그 손의 주인인 아이의 아빠이니까 잘못이 있다며 각각 열 대씩 맞자고 했다. 둘은 넥타이로 손목을 함께 묶고 손바닥을 편 후 회초리로 내려치자고 한 것이었다.

'누가 먼저 할까?' 하고 묻는데 아들이 먼저 하겠다고 했다. 그런데 묶은 손바닥을 내려치는데 이 녀석, 내 손바닥은 닿지 않게 하고 자기 손바닥만 치려고 애를 쓰는 것을 보니 나도 모르게 눈물이 났다. 첫 번째 순서로 회초리 열 대를 때리고 나서 내 순서가 왔다. 소리 나게 내 손바닥을 치니 그때까지도 안 울던 녀석이 대성통곡이다. 누가 보면 못된 아비가 아들 손바닥을 치는 소리로 들렸을 것이다. 이렇게 해프닝은 끝났다. 내가 먼저 울고 아들이 울고 뭔가 메시지가 진하게 몸에서 몸으로 전해진 오후였다.

그 후로 아들의 학교생활은 나쁜 습관 없이 순탄했다. 이제 큰아이도 그 나이의 아들이 있는 아버지가 되었다. 언젠가 오래된 덕담으로 나누겠지만, 그때 있었던 일은 우리 둘만의 아름다운 추억이 되었다. 엄마에게 얘기하지 말라는 아들의 부탁을 나는 아직까지 지키고 있다.

<가을 연못길>, 수채화, 엽서 크기

4. 탈무드

어릴 때 친구들 사이에 흔하게 오고간 앙케트 중에 '만약 내일 지구가 멸망한다면?'이라는 질문이 있었다. 속설로 지구 멸망설을 염려했던 것 같다. 네덜란드 철학자 스피노자였는지 종교 개혁가 루터였는지는 잘 모르지만, '사과나무'를 통해 우리에게 희망을 가르치곤 했던 것을 나는 기억한다. 내일을 위해 오늘 노력하고 규범을 잘 지켰던 세대들이 있었기에 그나마 이만큼 인류가 잘살게 되었다는 것에 감사한다.

사막을 함께 여행하던 네 명의 친구가 있었다. 식수가 다 떨어져 갈증으로 고통을 겪다가 정신도 혼미해지기 시작하여 모두가 죽을 지경이 되었다. 지나가는 행인 한 명 없는 사막에서 모두가 주저앉아 절망하고 있는데, 그들 시야에 말라버린 지하수 펌프 하나가 눈에 들어왔다. 그러나 안타깝게도 펌프 속에는 물이 한 방울도 없었다. 그 대신 펌프에 글자가 또렷이 적혀 있는 메모가 걸려 있었다.

"펌프의 손잡이 방향으로 두 팔 정도 떨어진 곳의 모래를 파면 큰 돌이 나올 것입니다. 그 돌을 들면 큰 물통이 나옵니다. 물통 안에는 물이 가득 차 있으나 절대로 마셔서는 안 됩니다. 먼저 그 물을 4분의 1쯤 펌프에 부어서 메마른 가죽

펌프를 적셔야 합니다. 그런 후 30분이 지나면 가죽이 다 불어나서 펌프가 물 샐 틈 없게 됩니다. 이때 통의 남은 물을 모두 서서히 부어 넣으면서 계속 펌프질을 하십시오. 그러면 당신은 넘치는 물을 얻게 될 것입니다. 그리고 꼭 그 물통에 물을 채워 넣어서 마개를 꼭 막아 다시 제자리에 놓은 후 돌을 덮고 그 위에 모래를 덮어 두십시오."

갈증으로 지친 친구들은 땅을 팔 힘도 없었지만 막연한 기대를 갖고 적힌 대로 땅을 파기 시작했다. 큰 돌이 나오고 그 메모에 적힌 그대로 물이 가득한 큰 통이 하나 나왔다. 땅속이라 제법 시원한 물이었다. 그때 제일 지친 듯한 한 친구가 말했다.

"이것이면 우리 넷이 마시고도 남을 양이니 빨리 마셔버리자. 만약 여기 적힌 대로 했다가 물만 다 쓰고 물도 안 나오면 우린 여기서 쓰러지고 말 거야."

이번엔 두 번째 친구가 얘기했다.

"제법 양이 많으니 반은 마시고 반만 가지고 해보자. 우리 넷이 힘껏 펌프질하면 물은 반만으로도 나올 거야."

그러자 열심히 땅을 파고 있던 세 번째 친구가 얘기했다.

"아니야. 꼭 여기 적힌 대로 해야 할 것 같아. 조금 참고 그대로 해보자."

같이 힘들게 땅을 파고 있던 네 번째 친구는 잠시 고민을 하다가 세 번째 친구의 의견에 동의하고 메모에 적힌 그대로 하기로 했다. 펌프질을 하자 메모에 적힌 말 그대로 넷이 마시고도 남을 넘치는 물이 나왔다. 가지고 있던 작은 여분의 물통에도 물을 모두 채우고 마지막으로 큰 물통에도 가득 채운 후 메모에 적힌 대로 마개를 꼭 막고 제자리에 놓은 후 돌을 올려놓고 모래를 덮고 다시 길을 떠났다.

이상은 탈무드의 일화이다. 세상은 이기심으로 점점 어지러워지고 살기 힘든 곳이 되어간다. 한 치 앞도 내다볼 수 없는 세상이 되어간다. 돌 아래 있던 물통을 우리는 횡재라고 생각하거나 내 것이라고 생각하며 살았던 것은 아닌지 다시 생각해본다.

대부분의 사람이 가죽을 불리기 위한 사분의 일로서 세금을 내고 나머지 물을 투자하여 사회발전을 도모하고 모래 속에 묻은 물통처럼 미래를 위해 자원을 보존하는 삶을 가르치고 있다. 다행히 아직은 그 메모의 글을 지키며 살아가는 사람이 더 많기에 지구는 멸망하지 않고 여전히 사람이 살 만한 곳인 것 같다.

5. 다문화 도시와 화합

한때 전 세계적으로 퍼지고 있던 플로이드(G. Floyd : 미네소타주 미니애폴리스에서 경찰에 의해 살해당한 흑인 남성)를 추모하는 시위행진을 보면서 가려져 있던 본질을 또 보았다. 반복되는 이것이 과연 인종 갈등의 문제인지 인간의 존엄성에 관한 의식과 자존감 결핍의 문제인지 확실히 짚고 넘어가야 한다. 자라나는 어린아이들이 이 행진을 보며 '인종차별'이란 단어만 머릿속에 기억하지 않아야 한다.

이런 사건이 한번 벌어지면 인종 갈등으로 번져서 결국에는 증오와 분노만 남는 경우가 많다. 한 개인의 인격과 인권이 보호되고 존중되기보다 피부색부터 이슈화시키는 정치인 또는 정치 세력이 있기 때문이다. 화합은 절대 특정 정치적 집단이나 세력이 만들 수 있는 것이 아니다. 정치 집단들이 앞에 나서서 흑과 백의 진영을, 때로는 동서로 때로는 남북으로 나누고 개입해서 싸움을 키우고 증오를 키운다.

이 문제를 해결하기 위해서는 인권의 중요성과 서로 존중할 줄 아는 인성 교육이 선행되어야 한다. 처음에는 좋은 의미에서 잘 녹아 융화된 다문화 집단 'Melting Pot'이라는 말이 나왔을 것이다. 그러나 빛이 아닌 한, 여러 색을 합치면 절대 맑은 색이 나올 수 없다. 각자의 색을 존중하고 개인의 인격과 특성을 인정하면서 함께 잘 어울려 이 사회의 원소가 되어야 전체가 멋진 조화를 이룰 수 있다.

이런 사태가 벌어지면 정부가 해당 경찰 개인의 인격적 결함과 정신적 문제를 발표하기도 전에 이 사회를 진영 싸움으로 몰고 가는 무리가 늘 있다. 꼭 미국만의 문제는 아니다. 한국에서도 동서 갈등의 문제는 정치인들의 도구 역할을 단단히 하고 있다. 동서 화합은 동서가 하나가 되는 것이 아니라 각각의 특성을 살리고 발전시켜서 서로의 존재를 빛나게 할 때 가능하다. 정치인들이 앞장서서 적대 관계를 더욱 부추기며 자신들의 세력 확장 싸움을 해오고 있다. 미국이나 한국이나 어떠한 일이 터지면 꼭 이런 식으로 이슈를 증폭시킨다.

미국의 인종 갈등 문제에 관한 해결 방법은 50년 전 그때나 지금이나 변한 것이 없다. 큰 정치의 덫 안에서 모든 문제를 해결하려고 하니, 세계 최고의 선진국이라는 미국, 흑인 대통령을 선출했던 미국, 이런 미국에서 40년 이상을 살았는데도, '인종 갈등'이란 단어는 전혀 변한 것이 없이 늘 이 사회가 지니고 있는 깊은 상처이고 종식될 수 없는 단어처럼 여겨진다. 40여 년 전만 해도 이 나라에 흑인 대통령이 나올 것이라는 생각은 꿈도 꾸지 못했고, 돈만 많으면 대통령이 될 수 있는 나라라는 생각을 해본 적도 없었다. 인종 갈등이란 이슈는 '500년 후에도 개개인이 올바른 교육을 받지 못하면 절대 종식되지 않을 문제'이다.

미국 사회를 '멜팅 팟Melting pot'이라는 은유적인 표현을 사용해서 표현한다. 우리말로 다문화 사회라고 할 수 있다. 여러 다른 민족이 모여서 하나가 된 사회라는 의미이다. 그런데 이 말은 매우 잘못된 말이다. 색은 섞을수록 어두워지고 탁해진다. 색은 조화를 이루어야 한다. 조화는 색과 색이 어울릴 때 그 아름다움이 격상된다. 개개인의 개성과 색깔과 생각이 다 달라도 서로의 영역을 존중하고 빛내주는 그런 사회가 오기 전에는 인종 화합이나 동서 화합 그리고 남북 화합은 모두 어불성설이다.

<Harmony(화합)>, Acrylic on Wood, 32×37인치

6. 꿈에 나비를 보다

눈을 감고 책상 앞에 앉아서 기도하다가 잠깐 졸았나 보다. 푸른 새벽의 물안개가 연못을 덮더니 연잎 사이로 간간이 꾸물거리던 나비들이 안개를 휘감고 푸른 창공을 날고 있었다. 하나, 둘, 셋, 넷, 네 마리. 내 앞에서 한 바퀴 더 돌더니 큰 나래를 펴고 높이 더 높이 날아갔다. 외로워 보이지도 아파 보이지도 않은 건강하고 아름다운 나비들은 가장 아름다운 빛을 뽐내며 날아갔다.

내가 꾼 꿈에는 동생과 엄마가 함께 있었다. 모녀가 예쁜 나비가 되어 사랑스러운 재회를 하는 듯했다. 시한부 병상의 여동생은 먼저 하늘나라에 가신 엄마가 너무도 보고 싶다면서 슬퍼하지 말라며 오히려 나를 위로했었다.

어머니와 여동생의 재회를 축복하며 나에게 이렇게 그림을 그릴 수 있는 여건이 허락되었다는 것이 우연이 아니었다는 생각에 감사한 마음이 든다.

<꿈>, Acrylic on Wood Panel, 56×48인치

7. 봄날의 센트럴파크 야경

기억과 상상 속의 장소이다. 건물들의 형상을 보이는 대로가 아니라 느끼고 기억하는 대로 그렸다. 센트럴파크를 잘 아는 분들에게는 다소 현실과 동떨어진 느낌도 들 것이다. 아쉽게도 코로나로 인해 당분간은 가볼 수 없는 장소가 되었다. 그래서 지금은 더 귀하게 느껴지는 장소이다. 언젠가 이 지독한 코로나가 종식되면 그곳에 자리를 펴고 이젤을 세워서 제대로 다시 그려볼 날이 오길 바란다. 그때는 함께 그곳의 봄을 누릴 수 있겠지.

뉴욕의 2020년 봄은 많은 슬픔을 남기고 지나간다. 한 달 전에 멀쩡하게 통화했던 분이 소식이 두절되거나, 우연한 시기에 일반 외과 수술을 받았는데 시기가 코로나 19와 겹쳐 병원에 격리되었다가 가족들도 못 만나고 세상을 떠난 분의 어처구니없는 이야기 등, 설명할 수 없는 일들이 벌어지고 있는 상실의 시간이다. 그림 속의 봄은 아프고 어색해 보인다. 쓸쓸하고 어두워 보인다. 그래서 제목을 '아픈 센트럴파크의 봄'이라고 붙였다.

<빼앗긴 뉴욕의 봄>, Acrylic on Wood, 12×12인치

<아픈 센트럴 파크>, Acrylic on Canvas, 12×14인치

8. 내 마음으로 가는 길

사람들은 '파랑' 하면 이성, '노랑' 하면 따듯함, '빨강' 하면 열정, '녹색' 하면 상쾌함을 떠올린다. 모든 사람의 특성일 수도 있고, 그들만의 특성(페르소나)일 수도 있다. 그림을 그리면서 느낀 점인데, 작품을 진행하는 과정은 의지나 의도(어쩌면 그것이 페르소나일지도 모르지만)와 관계없이 내 안에 있는 의식과 무의식을 표현하는 행위이다. 어둡고 날카롭고 모가 나 있는 험준한 공간처럼 각이 서 있고, 늘 긴장감 속에서 의지나 의도와 관계없는 의식과 무의식을 표현한다는 말이다. 배경에 비치는 거친 정맥Vein처럼 어둠이 만든 각의 날처럼, 결국은 그 누구도 들어오기 힘든 마음과 페르소나를 표현하고 있다.

9. 행복의 열쇠

아침에 동기들 단톡방에서 '행복의 본질'에 대하여 이야기를 나누었다. 모두가 철학자이다. 가끔 서부에서 누군가 엉뚱한 질문을 하나 꺼내면, 서울에서 제주에서 뉴욕에서 나름대로 한마디씩 하는 식으로 진행된다. 꼭 정답이나 결론을 바라거나 의미를 찾으려는 심각함은 없다. 동기끼리 같은 공간에서 거리감을 좁히고, 오가는 대화 가운데 서로 잘 있음을 확인하는 정도의 대화가 오고 간다. 40명 이상이 모여 있지만, 실제의 대화에는 몇 명만 참여한다.

대부분은 소위 눈으로만 읽는 '눈팅'을 한다. 모든 대화가 자기 일상과 동떨어진 주제일 수도 있기에 그럴지도 모른다. 그래도 카톡의 대화를 읽었음을 뜻하는, 줄어드는 숫자를 보며 모두 아직은 살아 있구나, 하는 생각을 한다. 이 단톡방은 '아니면 말고'도 통하고 눈팅도 괜찮다. 잠시 해본 생각이지만 각자가 알아서 자기에게 필요한 것만 건져가도 된다. 온도 차이가 있는 감성의 환경이 늘 공감으로 전달될 수는 없다.

한 친구가 이슈를 먼저 꺼내면 화두는 시작된다. '생각이 많으면 결코 행복할 수 없다는데 너희들은 어떤가?' 하면서 행복에 관한 얘기를 한다. 동기들 대화방은 제법 오래되었는데 매년 그 성숙함이나 내용도 달라지는 것 같다. 멋진 이슈도 있지만 애들 닭싸움하는 것 같은 유치한 얘기도 많다. 오늘은 '행복이란 무엇일까?', '목적을 추구하며 평생을 속고 사는 걸까?', '영원한 안식은 결국 죽음인데 우리는 그 안식 때문에 너무 많은 만용과 이기심을 추구한 것은 아닐까?'라는 주제였다. 정리 안 된 어떤 말이라도 할 수 있는 마당이다. 어떻게 보면 나누는 대화의 내용보다 함께 대화할 수 있는 동기들이 있다는 것 자체가 행복인데 하는 생각도 든다. 업은 아이 찾는 것처럼 말이다.

각인된 각자의 종교를 통해 그리고 각자의 철학을 통해 행복의 정의를 만들어 보지만, 결국 형이상학 속의 행복은 공허한 결핍만 되풀이된다는 한 친구의 말을 생각하며 나 스스로에게 충고를 하나 해본다. 행복은 찾을 것도 아니고 멀리 있는 것도 아니다. 누가 생각해도 불행했을 것만 같던 헬렌 켈러Helen Adams Keller는 우리에게 행복을 제시했다. 그녀는 행복은 찾는 것이 아니라 만들어가는 것이라고 했다. 그녀가 쓴 『사흘만 볼 수 있다면』이라는 단상은 많은 것을 말해준다. 결국 그녀는 사흘만 볼 수 있다면 자신이 가지고 있는 모든 것을 축복할 것이며 그 후에 볼 수 없다고 해도 볼 수 있었던 모든 것들이 경이로워질 것이라고 했다. 스치는 기쁨들을 귀하게 여길 줄 아는 것이 행복이라고 얘기했다. 나는 손자 손녀들의 재롱을 보며 행복에 젖는다. 나는 마당에 핀 봄꽃들을 보며 흥분한다. 골목을 지나칠 때 숲에서 이름 모를 꽃향기가 코끝에 와 닿으면 즐거워진다. 이것이 행복이다.

나를 행복하게 하는 것들이 너무도 많지만, 손자 손녀들을 볼 때 가장 행복하다. 그들의 웃음소리에 나는 행복해진다. 애들이 넘어져 울 때 상처를 훌훌 불어주면 울음을 그치는 기적의 순간이 행복하다. 출근길 앞마당에 붉은 장미가 나를 행복하게 한다. 골프장 새로 깎은 잔디의 풀냄새가 나를 행복하게 한다. 앞만 보고 살아온 치열했던 인생도 돌아보니 그것들이 모두 행복의 조각들이었음을 깨닫는다.

행복을 마치 보편적인 종교처럼 생각해서 그것을 추구하는 생각은 조금씩 식상해지는 것 같다. 행복의 본질은 철학자들의 주장 같은 것이다. 그런 행복은 불행해져야 알 수 있다. 그래서 행복을 추구한다는 말 자체가 위험하고 어리석게 들린다. 매 순간 감사할 수는 없다. 그러나 행복을 목적처럼, 종교처럼 여기며 살지는 않을 것 같다. 우리는 지금 이 순간에도 행복할 수 있기 때문이다.

10. 우리를 치유하는 것들

고대 로마 시민의 계급 중 최상급을 '클라시쿠스Classicus'라고 한다. 문예 부흥, 즉 르네상스를 경험한 유럽에서는 로마의 문화 예술을 예술의 이상적 전형으로 생각했기 때문에 가치 판단이나 양식의 구조로 볼 때 '클래식'이라는 말은 최고급을 뜻했다. '클래식'이란 말이 대중성과는 조금 떨어진 소위 배운 사람들, 선택된 사람들이란 의미로 여겨져 왔던 것은 사실이다.

'차별'은 인종에 국한된 것이 아니다. 음악 미술 종교 등 '편견'이 자리할 수 있는 곳이면 늘 함께 존재한다. 다른 것을 틀린 것이라고 생각하지 않는 정신, 서로를 인정하는 관용과 포용의 정신은 이해와 교육을 통해 이루어진다. 요즘 들어 클래식과 팝(POP 음악)이 어우러지는 연주 광경을 자주 본다.

몇 해 전 미주 동부에 사는 동기들과 <테너The tenors>라는 공연을 보고왔다. 이 공연은 음악이 주는 행복에 쉽게 빠지게 했다. 좋은 음악들만을 선정하여 공연했기 때문이기도 했지만, 클래식과 대중가요의 만남이 그 감동을 증폭시키는 촉매 역할을 한 부분도 있다. 클래식과 대중가요의 만남은 편견 없이 청중의 귀를 열게 한다.

플라시도 도밍고Placido Domingo와 존 덴버John Denver가 듀엣으로 부른 <아마도 사랑은Perhaps Love>이 주었던 감동을 우리는 기억한다. 파바로티Luciano Pavarotti와 도밍고가 불렀거나 엘비스 프레슬리Elvis Presle와 존 덴버가 불렀다면 그 노래는 그렇게 감동을 주지 못했을 것이다. 우리 곡 <향수>도 마찬가지이다. 다른 장르가 서로 만나 그 이상의 감동을 주는 시너지Synergy 효과이다. 누구나 마음속에는 편견 없이 좋아하려는 순수함이 잠재적으로 내재해 있다. 어쩌면 사람들에게는 꿈틀거리는 다원적 혹은 탈구조적인 생각이 잠재되어 있는지도 모른다. 고정관념이나 구조적인 사고라는 선입견 속에서 살아가던 생활에 신선한 충격을 받을 때 우리는 치유된다.

얼마 전 어떤 스님이 성당에서 강연을 했다는 기사를 보았다. 자신을 그곳에 초대해준 신도들에게 인사하고, 천주교를 처음 전파할 때 스님들이 신부님들을 사찰(천주교 첫 전래지가 천진암)에 숨겨주었다가 그 사찰도 함께 피해를 입은 적이 있으니 자신이 성당에서 강연하는 것은 빚지는 것이 아니라고 유머를 구사하며 강연을 시작했다. 즉문즉설식 강연이었는데 어떤 목사의 부인이 자신의 남편은 능력에 비해 인맥이 없어 부적절한 교계의 대접을 받는다며 울먹이면서 사연을 호소했다. 그러자 그 스님은 기독교적 신앙의 본질을 잠시 잊고 있던 그녀에게 성경 말씀을 인용해 예수님의 가르침으로 그 부인의 마음을 위로했다는 얘기였다. 나는 그 기사를 읽고 많은 감동을 받았다. 이러한 일들이 많이 일어나야 한다. 신선한 충격은 우리를 치유한다.

핑크 마티니Pink Martini 밴드의 리더인 피아니스트 토마스 러더데일Thomas Lauderdale은 그의 창작 음악과 고전 음악을 잘 융화시켜서 작품의 감동을 최적화하였다. 팝 같은 클래식을 클래식 같은 팝 음악으로 재구성하였다. 차이콥스키의 피아노 협주곡을 삽입했던 <초원의 빛Splendor in the grass>은 압권이었다. 쇼팽의 <안단테 스피아나토Andante Spianato>로 시작하는 <외로움La soledad>의 전주는 너무 아름답다. 새로운 만남은 언제나 멋지다.

<Experiment>, 12×16인치

11. 의정부 쌈

이런 음식 이름을 들어보았는지 모르겠다. 대한민국도 서구 문화와 교류하면서 음식의 메뉴가 다양해졌다. 이런 음식 문화 속에서 많은 사람에게 사랑받는 메뉴가 있다. 미군 부대 근처의 식당이 원조인 '의정부 부대찌개(존슨탕이라고도 불린다)'라는 메뉴가 있는데, '부대찌개'에 대해서는 내가 더 말할 필요는 없을 것 같다. 나는 오늘 '의정부 쌈'을 소개하려고 한다.

'의정부 쌈' (어쩌면 나만 이렇게 부르는지 모르겠다.) 누가 이와 비슷한 얘기를 하는 것을 듣기는 했다. '토니 쌈'이라고……. 하지만 그 출처는 확실치 않다. 여름이면 가끔 예전의 추억이 떠오르는데, 그 추억은 그때 맛보았던 입맛을 자극한다. 고등학교 때 나는 아파서 한 달간 의정부 어느 시골 교회에서 요양한 적이 있었다. 그때 그곳 관리자인 할머니 권사님이 마련해준 정성스러운 음식과 배려로 몸이 많이 회복되었다. 가끔 텃밭에서 자란 채소로 만들어준 음식이 생각날 때면 그때의 고마움과 추억이 함께 밀려온다.

그중에 생각나는 간단한 메뉴를 소개하려고 한다. 당시 자리잡은 미군 부대의 지역 특성과 그 부대에 종사하는 주민들이 많아서 그랬는지 버터와 치즈가 고기보다 흔했다. 아마 교인 중에도 그곳 미군 부대에서 일하는 사람이 많았으리라 짐작한다.

텃밭에서 수확한 싱싱한 상추와 각종 채소로 차린 밥상은 늘 풍성했다. 그때 매일 나오던 버터와 치즈와 고추장은 잊을 수 없는 조합의 맛을 내었다. 할머니 권사님이 버터와 치즈와 고추장을 고기쌈처럼 싸서 처음 내 입에 넣어주었을 때, 그 맛을 나는 잊을 수가 없다. 그 후 나는 미국에 와서도 가끔 그렇게 밥을 싸서 먹곤 했다. 솥에서 금방 푼 김이 모락모락 나는 흰밥을 상추 위에 올리고 고추장과 버터 혹은 치즈를 얹어 싸 먹던 그 맛은 어쩌면 나만이 알고 있는 특별한 맛일지도 모른다. 싱싱한 야채에 따뜻한 밥과 버터(혹은 치즈)와 고추장을 조합해서 풍성하게 싸 먹는 '의정부 쌈'은 생각만 해도 군침이 돈다.

12. 현대 예술의 이해

'시는 소리가 있는 그림이고, 그림은 소리 없는 시'라는 멋진 말이 있다. 송나라의 시인이자 화가였던 소식(蘇軾)이 당나라 왕유(王維)의 시와 그림을 감상하며 읊조린 유명한 말이다. '시중유화, 화중유시(詩中有畵 畵中有詩)'. 그림에는 눈에 보이는 것을 그리는 그림과 눈에 보이지 않는 것을 그리는 그림이 있다. 대문짝만한 캔버스에 점 하나 찍은 작품을 감상한다고 가정해보자. 사람들 대부분은 그 점을 뚫어지게 보며 그 점이 무엇을 의미하는지 애써 찾으려 한다. 그 작품이 유명 작가의 것이라면 더욱 힘들여 그 점의 의미를 찾으려고 한다. 그러나 점은 점일 뿐이다. 누구나 그릴 수 있는 점일 뿐이다.

그런데 그 작품이 뉴욕의 구겐하임 미술관(1937년 미국의 실업가 구겐하임Guggenheim이 뉴욕에 설립한 미술관)에 전시가 되고 세계 미술 애호가들의 관심을 받는다면 과연 그 점의 의미가 얼마나 대단한 것인지 궁금하지 않을 수 없다. 그뿐만 아니라 커다란 캔버스에 칼로 날카롭게 상처를 낸 듯한 작가의 작품이 뉴욕 현대미술관(MoMA : 1929년 록펠러Rockefeller 부인과 구겐하임 부인 등이 뉴욕에 설립한 미술관)에 걸려 있다. 그

칼자국이 무엇이길래 높은 예술적 가치를 지닌 작품으로 인정받는지 궁금하지 않을 수 없다. 그것을 보며 숨죽이고 감탄하는 사람은 과연 어떤 정신세계 속에서 그것을 감상하고 있는지 이해하기가 쉽지 않다.

좋은 작품은 소통 능력에 달려 있다. 티 하나 없이 하얀 배경에 점 하나 찍은 그림이 감동적인 이유는, 점을 제외한 모든 공간이 주는 무한함 때문이다. 작가는 무한함을 여백의 힘으로 그렇게 표현한 것이다. 점 하나 찍기가 어려운 일은 아니다. 우리는 여백의 힘을 그렇게 표현한 작가의 철학과 예술성에 감동한다. 칼자국의 예리함을 통해 공간의 무한성을 보여주는 것도 마찬가지이다. 눈에 보이는 것은 점과 칼자국뿐이지만 그 외의 배경은 우주가 된다. 정의를 내리기 힘든 작품들도 많다. 지혜로운 작가는 자기 작품을 정의하려 하지 않는다. 그들은 보는 사람 개개인의 시각적 경험에서 정의되길 원한다. 관람객들은 그 우주 같은 작품의 빈 공간에서 보이지 않는 것을 보고 들리지 않는 소리를 들으면서 우연한 조우를 경험한다.

시는 소리가 있는 그림? 그림은 소리 없는 시? 위에서 말한 비슷한 맥락의 얘기이다. 사람들은 보편적인 본질을 찾는다는 미명하에 대부분 보이는 것만 보고 들리는 것만 들은 후에 판단한다. 현대 예술의 시작은 실존적인 도전이었다. 시가 보편적 어휘로만 이루어져 있다면 무슨 매력이 있을까? 그림을 사진과 똑같이 그렸다면, '참, 잘도 그렸네' 하면서 칭찬으로 끝낸다. 내 의견에 선택의 여지가 없기 때문이다. 누가 봐도 똑같을 정도로 잘 그렸다면 감동의 소통은 거기서 끝나고 만다. 작가가 이미 답을 던져준 것에 대해 인정하면 된다. 보는 이의 자유로운 선택에 다른 의견이 없다면 정말 싱거운 작품이 되고 만다. 현대 미술의 작품은 작가가 정의하지 않는다. 정답을 요구하지 않는 질문과도 같다. 그것은 작가의 몫이 아니고 무한을 보는 사람들의 몫이기 때문이다. 그 여백 속에서 안 보이는 무한성을 보고 들을 수 있다면 이미 이성을 넘은 소통이 이루어진 것이다.

동양의 예술과 철학은 매우 우수하다. 서양 실존주의 사상과 현대 미술의 시작이 19세기부터인데 비해, 이미 8세기 때 당나라 왕유가 실존적인 예술적 가치를 논하고 실행했다는 것은 정말 놀라운 일이다. 당시의 감성은 서양보다 더 넓은 영역 속에서 무한성을 추구하고 있었고, 작가는 그 큰 영역 속에서 생각과 경험과 추억을 소환하여 감동을 만들고 울림을 전했다. 물론 현대 예술을, 이해가 짧은 이 글 하나로 설명할 수는 없다. 창의력과 독창성은 그 무한함에서 시작된다. 현대 예술을 이해하려는 노력은 그림, 음악, 시 같은 장르에 국한되지 않는다. 우리는 상자 밖에 나와야 창의력을 볼 수 있다. 현대 미술은 창의력을 연습하는 좋은 기회를 제공하기도 한다. 현대 미술은 창의성이다.

<**무제**>, Acrylic on Canvas, 24×36인치

13. 책에 대한 잡다한 생각

책방이 점점 사라진다. 우리집 근처에 있는 반스앤드노블(Barnes&Noble : 미국 최대의 온오프라인 서점 업체) 서점은 언제나 북적였다. 그곳에 가면 도서관처럼 책을 읽는 사람들이 많았다. 책을 사러 가는 경우가 아니어도 두어 시간 책을 보다 온 적도 있다. 갈 때마다 계산대에서 돈을 내기 위해 기다리는 사람은 별로 없었다. 내가 걱정할 문제는 아니었지만 그 큰 공간을 운영하기 힘들겠다는 생각이 들었다. 더운 여름이나 추운 겨울에는 사람들이 더 많이 모이는 곳이다. 그런데도 구내 카페 계산대만 바쁘게 돌아가고 책을 사는 사람들은 많지가 않았다. 이래서 책값이 비싼 것인가 싶었다. 그러던 큰 서점들이 하나둘씩 없어지더니 요즘 집 근처의 서점이 전부 없어졌다. 요새는 서점에 가본 적이 없다. 인터넷으로 쉽게 구할 수 있으니 그렇기도 하고 전자책과 오디오북이 나오고 있으니 다른 방법으로 책을 구입할 수도 있어서 그렇다.

책은 오랫동안 우리의 스승이었고 책 속에 길이 있다고 어릴 때부터 들어왔다. 여기서 얘기하는 스승과 길은 눈에는 보이지 않는다. 보통 사람들은 스승과 길을 찾는 마음으로 책장을 열지 않는다. 그리고 늘 '고도'를 기다리는 마음으로 마지막 장을 덮지도 않는다. 그냥 책을 읽는 동안 자기 생각인에 변화와 메시지가 생겼다면 그것으로 다행이라고 여긴다. 누구나 책을 통해 얻은 사고력과 축적된 지식이 자신이 살아가는 데 큰 역할을 할 것이라고 믿는다.

그런데 책에 대한 인식도 나이를 먹으면서 달라지는 것 같다. 어릴 때는 책을 선물받거나 책을 사면 늘 기대와 설렘이 있었다. 그때는 대부분 냉수를 단번에 마시듯이 책을 읽곤 했었다. 머리가 조금씩 커지자 책을 읽는 것이 가끔 무모한 기다림 같다고 생각하기 시작했고, 다른 사람의 경험이나 주장이 나와 다를 때는 형이상학적이라거나 통속적이라고 생각하면서 비판적으로 읽곤 했다. 남들이 다 읽었기에 나도 읽어야 한다는 책임감으로 읽었던 책들도 많았다. 누가 쓴 독후감이 감동을 주었다면 찾아서 읽거나 관심을 가졌지만, 그러나 그만큼 인상적이지 못한 상태로 마지막 장을 덮을 때는 허무하기도 했다. 시간적 낭비였고 누군가의 말장난과 언어의 유희에 함께 놀아났다는 불쾌한 생각도 들었다. 내가 선택적으로 좋아하는 책들의 경향성과 교만한 비평이 영향을 준 것이다. 범람하는 책들이 세상을 덮고 있다.

세상엔 배울 것이 없는 책들도 많다. 우리가 어렸을 때 어른들이 고전부터 읽으라고 권했던 것도 그 이유에서이다. 책방에 가면 책들이 즐비하지만 좋은 책을 잘 선택해서 읽어야 한다. 모든 책이 스승도 아니고 길도 아니다. 서점 맨 앞에 진열된 베스트셀러가 꼭 양서는 아니다. 그런 책 중에는 편견과 겉치레로 독자들을 유혹하는 작가의 시사적인 주장과 잘난 척으로 끝나는 저급한 책들도 많았고 그런 책이 인기 순위에 올라가는 경우도 많다.

나의 성장기에 영향을 준 작가가 있었다. 크로닌A. J. Cronin이라는 스코트랜드 출신의 의사였다. 나는 그의 책을 대부분 다 읽었다. 고전을 빼고 내 인생에 가장 큰 영향을 끼친 작가가 있다면 크로닌이다. 또 한 분 꼽으라면 『백 년을 살아보니』의 저자 김형석 교수님이다. 이분은 돌아가신 어머니가 좋아하시던 수필집 『영원과 사랑의 대화』의 저자이다. 중고등학교 시절에 읽었던 감동적인 수필집은 아직도 나의 인생에 큰 경전이 되고 있다.

물론 책 선택은 독자의 몫이다. 모든 영화가 다 유익하지는 않듯이 정서에 해로운 책도 많다. 영화도 책도 다 마찬가지이다. 독이 되면 편견에 가까운 스포일러가 되기도 하고 약이 되면 감성의 폭도 넓어지고 더 많은 다른 것들을 품을 수 있다.

책은 어떤 이를 현실의 부정적인 생각으로부터 자유롭게도 만들기도 하고 또 어떤 이에게는 의문과 의혹을 더욱 증폭시키기도 한다. 분명한 것은 좋은 책일수록 서투른 지식을 모방하지 않고 참신한 생각을 재창조한다는 점이다. 피카소가 한 말이 생각난다.

"그림을 모방하지 말고 훔쳐라."

이 표현이 말하는 것처럼 책을 읽을 때 책 속의 얕은 지식을 모방하지 말고 제대로 훔쳐서 자기 것으로 발전시킬 수 있어야 한다. 독서는 물리적 현상에 불과한 것처럼 보이지만 간접 경험 속에 빠져 영감을 키워준다. 평생 아무리 많은 책을 읽어도 자신의 것으로 만들지 못하고 모방만 하는 독자가 있고, 한 권의 책이라도 인생을 바꿀 수 있도록 핵심을 훔치는 독자도 있다.

14. 구두 병원의 조 장로

눈이 오는 창밖의 크리스마스트리를 보니 생각나는 고마운 친구가 있다. 이맘때 전화하면 크리스마스 오케스트라 연습 악보를 그리던 조 장로(교회의 장로)이다. 그의 직업은 구두 수선공이었다. 고등학교 동기 조 장로는 구두 수선에 뛰어들어 구두의 바닥이 닳은 것을 보고, 약 처방하듯, 구두를 수리하는 미국 최고의 구두 수리공이 되었다. 그는 사람을 위하는 정신과 오랜 경험 그리고 탐구 정신으로 구두 바닥에 대한 그만의 특별한 견해를 가지고 있었다.

나는 오래전 30대에 테니스 경기를 하다가 두 번이나 발목 부상을 당해 수술을 받았다. 원래 그 부위는 완치율이 낮은 부위였다. 늘 몸의 하중을 받고 있고 바쁜 부위이기도 했기에 회복이 만족스럽지가 않았다. 수술 후유증으로 결국 다리를 조금 절게 되었는데, 그러다 보니 걷는 습관이 잘못되었다. 그 후 목디스크가 생겼다. 결국 손과 팔이 저리고 어깨에 자주 담이 들어 수술을 해야 했다. 유명한 척추 전문 신경외과 의사를 찾아가 상담을 하는데 노련한 유대인 의사는 나를 보자마자 신발을 벗고 걸어 보라고 했다. 조심스레 나의 걸음을 보더니 자신의 견해로는 목디스크는 걸음걸이에서 비롯된 것 같다고 했다. 몸이 스스로 중량을 조절하려는 균형 감각과 잘못된 걸음걸이로 인해 걷는 습관이 목 척추에 부담이 되어 그렇게 된 것이라는 얘기였다.

사람들은 걸을 때 자기도 모르게 힘의 균형을 잡기 위해 발바닥에 힘을 준다. 좌우가 정확히 대칭인 사람은 없다. 태어나서 자기도 모르게 오른손잡이나 왼손잡이가 되듯이 걸을 때도 한쪽으로 치우치는 경우가 대부분이다. 그러면서 균형을 잃어 신발의 바닥이 비대칭으로 닳게 된다. 사람들 대부분은 그것을 대수롭지 않게 생각하고 살지만, 골반의 위치나 다리의 길이도 그에 대응하여 반복적으로 조금씩 비대칭이 된다.

조 장로는 구두 바닥이 직립인(直立人)의 인체에 주는 영향을 잘 탐구했다. 늘 나를 위해 기도해주던 믿음의 동지였던 그 친구가 보고 싶다. 귀국하기 전, 신던 구두를 몇 켤레 보내달라 해서 보냈더니 신발을 받고 나서 그는 나에게 척추 디스크 수술을 한 외과 전문의가 했던 얘기와 똑같은 얘기를 했다. 그리고는 그의 처방이 되어 있는 수선한 구두를 돌려 받고 귀국했다. 지금도 새 구두를 사면 그의 처방대로 구두 병원에 먼저 가서 구두 바닥에 징을 몇 군데 부착하는 것을 잊지 않고 있다. 그 처방은 내 걸음걸이에 큰 도움이 되었고 이제는 구두를 신고 오래 걸어도 발목이 아프지 않다.

성탄절이 다가오는 이맘때면 구두를 수선하던 굳은살이 배긴 손으로 성탄절 오케스트라 악보를 쓰고 있을 멋진 그 친구가 생각난다. 조 장로는 귀국하여 서울 어느 동네에 구두 수선 병원을 열었다. 그는 아직도 한가할 때 클라리넷을 연습한다. 그는 미국에서 구두 수선 전문가가 되어 귀국한 유일한 역이민자일지도 모른다. 눈이 오는 오늘, 그 친구가 더 보고 싶어진다.

<**녹색 그리움**>, Acrylic on Canvas, 12×16인치

15. 58년 개띠

'나 때는 말이야…' 이 말은 요즘 아이들이 내 나이 즈음 남자들의 고집스러움을 비꼬는 '꼰대'라는 단어와 함께 통용되는 유행어이다. 누구나 젊은 시절에는 자기보다 나이 많은 분의 꼰대 기질을 닮지 않고 열린 마음으로 살려고 노력한다. 그러나 어느 순간, 생각과 달리 '백발이 저만치 앞서가는' 꼰대 세대가 되어버린다. 아무리 부인해도 나와 같은 58년 개띠는 젊은 친구들이 거리를 두고 싶어 하는 '꼰대' 세대일 수밖에 없다.

58년 개띠는 6·25 전쟁 후 혼란기에 태어나 격동의 시대를 살아왔다. 미군이 남긴 음식을 끓인, 꿀꿀이죽을 먹을 만큼 가난했고 뇌 속에 철저히 박힌 반공 의식, 독재 타도를 외치면서 자유를 위한 항쟁도 했으며, 국가적 위기가 닥친 IMF나 명예퇴직 바람도 경험했다. 지금이야 인구 감소를 걱정하지만, 58년 개띠들은 한국 전쟁 후 베이비 부머로 태어나 대한민국 인구 숫자를 급격히 늘려준 세대였다. 콩나물시루 같은 교실에서 달달 외우던 국민교육헌장의 첫 구절처럼 '우리는 민족중흥의 역사적 사명을 띠고 이 땅에 태어난' 것으로 세뇌된 58 개띠 세대의 '나 때는 말이야…'는, 처절했던 시절에 직접 몸으로 겪고 배운 생생한 경험을 들려주고 싶은 것이라고 얘기해도 이 역시 '꼰대'의 변명일까?

2022년 58년 개띠들은 이제 환갑을 넘겨 65세(만 64세)의 나이이다. 가정이든 직장이든 삶의 무게를 조금은 내려놓고 오롯이 자기만의 시간을 즐길 나이가 되었다. 내 친구들의 경우만 봐도 그렇다. 어느 친구는 한적한 섬에서 농사를 짓고, 어떤 친구는 집에서 키우는 강아지들의 생태를 관찰한다. 평소 거들떠보지도 않았던 들길에 핀 이름 모를 풀잎 사진을 찍고 연구하는 친구도 있다. 소문 없이 나름 유명 등산 블로거가 된 친구, 언제부터 시작했는지 몰라도 색소폰을 부는 친구, 투박한 손가락이 녹은 엿가락처럼 건반을 따라 움직이면서 화려한 선율을 만드는 친구, 자신만의 아빠표 요리 레시피를 만들어 유튜브에 공개하는 친구도 있다.

예전 같으면 정년퇴직 후, 딱히 할 일 없는 뒷방 늙은이로 물러나 있어야 할 나이가 아니던가. 친구들만 봐도 확실히 시대가 변했다는 것을 실감한다. 한편으로 그들의 새로운 일상의 변화는 나에게 깊은 울림과 공감, 새로운 도전을 불러일으킨다.

걸음마를 떼자마자 배운 경쟁의식, 자의든 타의든 승자가 되기 위해 부단히 노력했던 58년 개띠 세대. 새벽 단과반 학원부터 시작하여 늦은 밤 라면으로 주린 배를 채워가며, 치열한 경쟁 사회의 시작인 대학입시에서 살아남기 위해 온종일 공부와 씨름했다. 그때 다진 정신력이 어려운 시대를 이겨낸 자산이라는 것을 알고 있는 세대가 바로 이들이다. 칠흑 같은 어둠이 걷히기도 전인 새벽부터 만원 버스를 타고 매달려 가던 그들에게 미래에 대한 꿈이 없었다면 도저히 할 수 없는 전쟁과도 같은 입시지옥을 겪은 그들. 58년 개띠의 운명은 대통령의 아들과 같은 나이라는 이유인지 몰라도 남다른 입시 제도의 주인공이 될 수밖에 없었고, 그들의 교육환경은 새로운 실험 극장이었다.

하지만 그 속에서도 진지한 낭만이 있었고 사회를 위한 이상주의적 토론을 밤새워가며 했으며 나라를 위한 민주화 운동도 가장 열심이었다. 실력만큼 운도 좋아야 했던 그들의 사회생활은 군사독재 시대의 모든 사회적 병폐와 병행되었다. 권력의 압력과 교육열이 만든 지적 자산의 운용은 많은 충돌 속에서도 나라의 국운을 바로 세웠고 눈부실 정도로 성장한 국가 경제 발전의 초석을 이루었던 세대가 바로 나의 친구들이다. 이제는 장렬히 싸우고 나서 한 발 뒤로 물러났지만, 대한민국을 선진국으로 만들어 후세에 물려준 자랑스러운 나의 개띠 친구들이다.

이제 그들이 은퇴의 문을 열고 인생 2막을 시작했다. 살아온 인생 돌아보니 옳은 결정을 위해 수많은 결단을 해야 했고 긴장을 놓지 못하는 경쟁 시대를 성실히 살아온 그들. 알게 모르게 상처도 많이 받고 모진 경험도 하였지만 늘 최선을 다하며 살아온 우리의 트로이 전쟁은 막을 내렸다. 이제 드디어 우리들만의 오디세이가 시작되었다. 주목할 점은 독서를 열심히 하는 친구들이 많이 늘고 있다는 사실이다.

우리 세대는 책 읽기가 쉽지 않았다. 하루하루 전투를 치러내듯 여유롭지 못한 생활을 살았다. 이제서야 그들은 느긋한 맘으로 인문학에 빠져보고 고전을 찾으며 변치 않는 진리를 깨닫고 지나온 삶을 반추하며 사고를 재정비하고 있다. 누군가를 위해서만 살았던 시간이 이젠 고스란히 나의, 그들의 시간이 되었다. 우린 지금 모처럼 맞은 인생 최고의 시간적인 여유로움을 맘껏 즐기는 중이다.

그러나 한편으로는 은퇴를 했거나 혹은 은퇴를 기다리면서 새로운 인생 이모작에 도전하는 우리의 마음은 또다시 급하게 뛰고 있다. 자신을 성찰할 여유도 생기고 자신의 재질과 숨어 있던 재능도 찾고 있다. 악기를 연주하고, 그림을 그리고, 요리를 하고, 동물과 꽃을 보며 새로운 다른 생명을 느끼고 그것들을 즐길 수 있는 시간이 온 것이다. 그래서 새롭게 맞이하는 인생 이모작 역시 낯선 시간이다. 우리의 새로운 도전은 손에서 일을 놓으면서 생긴 공허감과 지나친 여유로움이 오히려 불안을 만들지 않을까 염려되어, 이를 피하기 위해 부단히 노력하는 새로운 과정인지도 모르겠다.

세상에는 승자와 패자가 늘 존재한다. 넓게 보면 주인과 노예의 관계이고 선과 악의 구분이다. 우리는 누구나 승자이고 주인이며 선이라는 속성을 갖고 억척스레 살아왔다. 카톡 단체방에 친구가 올린 깨알 같은 독서 노트를 보며, 정성껏 그린 꽃과 동물들의 스케치를 보며 잠시 감상에 젖는다. 지난 시간을 회고하며 스쳐 지나가는 생각들. 이 시간이 나를 즐겁게 만들고 행복하게 해준다. 친구가 올린 책장 사진 속의 책들이 점점 늘어가는 걸 보면서 대리 만족과 함께 기분 좋은 공감을 느낀다. 우리의 남은 날들은 이렇듯 지난날 소중했던 삶의 지혜를 다시 정리하고 더 고귀한 생존을 위해, 인생의 본질을 찾아가는 특별한 내일이 될 것이라 믿는다.

16. 자화상

내가 다시 붓을 드는 날이 온다면 자화상을 제일 먼저 그릴 것이라고 다짐했었다. 잘생기고 멋진 젊었을 때의 얼굴이 아니라 세월을 먹은 60이 넘은 나를 그리고 싶었다. 그것이 나의 자유를 만끽하는 일이라고 생각했기 때문이다. 어릴 때는 부모로부터, 선생님으로부터 혹은 학교라는 물리적 울타리로부터 자유로워지길 원했다. 그러던 아이가 고등학교를 졸업하고 대학에도 가고 어른이 된다. 집을 떠나면 자유로워질 것 같았으나 또 구속하는 것들이 생긴다. 불확실한 미래에 대한 두려움, 새로 형성되는 친구들과의 관계 그리고 경쟁……. 결국 자유로울 수가 없다. 그러다가 직장을 찾고 사회인이 되고, 자신이 뭔가를 갖추었다고 생각할 때면 남들과 비교하기 시작하니 또다시 생각은 구속된다. 또한 세월이 가면서 성숙하고 발전하여 안정된 듯했는데 어느새 또 그 미꾸라지 같은 자유는 늘 저만치 앞서간다.

혹자는 자유란 관계적 어휘여서 타인과의 행복한 공존이라고 얘기하곤 한다. 자유는 관계 속에서 함께 존재한다는 의미일 것이다. 행복한 공존? 그러나 그 자유 역시 비눗방울처럼 쉽게 터지는 불안한 조건적 자유에 불과하다. 내 맘대로 하는 것이 어렸을 때의 자유라면, 성인으로서의 자유는 걱정과 불안으로부터의 자유이다. 그러한 자유가 의식과 머리가 커지면서 남의 이목으로부터의 자유로 바뀌다. 늘 자유는 새로운 것을 요구한다.

이젠 그럴 나이가 되었나? 이제는 이목으로부터 자유로울 만도 한데 그렇지 않다. 남의 눈치를 안 본다고 하면서 결국 주책을 부리고 독선만 느는 것 같다. 어느 날 우연히 내가 나 스스로 눈치를 보는 것을 알았다. 자기 검열이다. 제일 어려운 것은 결국 자신으로부터의 자유이다.

자유란 오랫동안 남이 되어 살았던 의식의 세계로부터 자신만의 세계를 갖는 것을 의미한다. 내가 나일 때 가장 자유롭다. 의사는 환자를 치료할 때 집중하면서 자유롭고, 자신이 가장 몰두할 수 있는 일을 할 때 자유로워진다. 화가는 자기가 좋아하는 그림을 시간 가는 줄 모르고 그릴 때 자유로워진다. 자유는 자신에게 가장 충실할 수 있는 순간에 누리는 마음 상태이다.

이제는 보이는 것만 그리지 않고 보이지 않는 것도 그린다. 예쁜 동그라미보다는 찌그러진 감자 모양에서 생명을 느낄 수 있는 나이가 되어서 좋다. 그래서 나이를 먹는다는 것이 좋은 것은 아닐까? 진정한 자유는 자유를 목적으로 하지 않아야 한다. 자유는 놓친 물고기처럼 도망가는 것이 아니라 내가 잡으려다 놓치고 만 허상이다. 내가 나일 때, 내가 나를 만날 때 가장 자유롭다.

<**귀여운 큐티**>, Acrylic on Wood, 12×12인치

17. 코로나가 끝나는 날을 기리며

도시를 봉쇄(Lock down)한 지 4주가 지나가니 작품들이 하나둘씩 완성되어 간다. 몇 개를 더 그려야 코로나가 끝날까? 내 평생 매일 이렇게 열심히 그림만 그렸던 적은 없었다. 아는 작가들 작품의 리뷰만 쓰던 내가 얼마나 주제넘은 일을 했던가 반성도 했다. 내가 막상 작업을 해보니 그들의 삶과 노고를 실감한다. 남의 작품을 평하는 일은 작품을 보고 느낀 점을 글로 써서 전달하는 일이지만, 작품을 만드는 행위는 아이디어와 손 그리고 감성이 일치되어야 하고 또 새로 접하는 소재(미디움)의 성질을 배워가며 해야 하기에 쉽지가 않다. 주제도 모르고 누군가가 칭찬해주면 금방 어린애같이 교만해진다. 조금 욕심부려 더 나아가면 사족이 되고 결국 사고를 치고 만다. 다시 모든 걸 시작해야 하는 시행착오는 속앓이를 만든다. 어제와 오늘의 감정과 감성이 달라 하룻밤 사이에 허탈해지기도 하고 낯선 그림이 되기도 한다. 간혹 기운 없이 손을 놓고 하루 저녁 자고 나면 생각지 않았던 새로운 깨달음이 생기기도 한다. 이래저래 시간은 잘도 간다.

아마추어는 아무리 못 그려도 그 노력이 가상하여 칭찬을 받는다는 큰 장점이 있다. 마음에 들 수도 있고 우연히 한

붓질이 나를 기쁘게 할 때도 있으며 밤새 고민하다가 한 짓이 사고를 부르기도 한다. 요즘 나는 이 작은 방주에서 사회적 거리 두기가 아니라 사회적 격리를 하고 있다. 코로나 방역에 일조하고 있다. 사실 그것만도 큰 얻음이다. 오늘 뉴스를 들으니 사망자는 계속 늘어날 전망이지만 새로 입원하는 환자의 수는 며칠째 줄어들고 있다. 코로나가 끝나는 날, 나의 작업실에 그동안 보고 싶었던 지인들을 초대하여 바비큐 파티를 할 것이다. 빨리 그날이 오기를 바라는 마음뿐이다.

<Blue>, Acrylic on Canvas, 24×18인치

<별이 되어>

삶은 색을 만들고
그 색으로
시간을 그린다.

파아란 하늘
구름이 있어도 좋고
없어도 좋은 하늘

넉넉한 파란 능선 따라
백라 주단 뿌리고
솜결처럼 드리우더니

뜨는 해 지는 해
감추어진 해가
모두 사라진 밤

짙어 가는 푸른 빛 산너머로
어둠이 깊어 가니
반짝이는 별 하나 별 둘
집으로 향한다.

<이런 날>

스쳐가는
바람 소리에도 귀를
기울일 때

고소한 모카향에
저절로 눈이
감길 때

쇼팽의 녹턴을
들으며 가슴이
젖어올 때

추운 겨울
차창에 낀 성에가
눈부시게 아름다울 때

모든 만물이
의미로 다가올 때
나는 사랑을 한다.

18. 망각

'망각'은 존재에 대한 기억이 사라지는 것이라고 알고 있지만, 망각은 사라진 생각이 아니다. 시간이 가면 사진의 색과 모양이 바래 종국에는 사진인지 여부도 불투명해지지만 망각은 사라지지 않는다. 단지 생각이 너무 많아서 한 존재에 대한 기억이 우리의 다른 기억 속에 숨어 있을 뿐이다. 망각이 우리의 생각과 분리된 듯하나 여전히 우리의 기억과 연결되어 있고 우리의 기억 안에 있다.

새로운 기억이 존재하기 위해서도 망각이 기능해야 한다. 유(有)의 배경은 무(無)이기 때문이다. 망각 그 자체도 존재이며 무의식과 달리 기억의 일부이다. 사람들은 기억이라는 존재에는 관심이 많지만 망각이라는 존재에는 관심이 거의 없다. 기억이 의식의 감성적(외부의 자극을 받아들이는) 능력이라면 망각은 그 능력을 품는 기능이다. 단지 너무 많은 생각과 지나간 기억들이 우리의 넓은 의식 속 어딘가에 갇혀 있을 뿐이다. 망각은 보려고 해도 볼 수 없지만 우리의 마음 속이나 머릿속, 그것도 아니라면 몸속 어딘가에 담겨 있는 존재이다. 앞으로 점점 더 망각의 존재는 많아질 것이고 우리는 더 많은 것들을 품게 될 것이다.

<망각>, Acrylic on Canvas, 16×20인치

2부

시즌 I

93세 아버지와 63세 아들이 함께 떠난 여행

<**나를 찾아서**>, Acrylic on Canvas, 36×36인치

1. 방역이라는 국경

눈이 부셔서 깨어나니 아침 햇살이 방안에 한가득이다. 벌써 8시다. 평소 6시이면 이미 하루가 시작되고 커피 한 잔도 마셨을 텐데 여행 전날의 잠이 깊지 못했다. 간간이 짧은 토막 꿈도 꾸었다. 늦게 먹은 수박 화채도 한몫했다. 화장실을 다녀와 억지로 잠을 청하며 눈을 감고 있노라니 여러 생각이 꼬리에 꼬리를 문다.

생각지도 못한 코로나는 온 세상을 바꾸어 놓고 차단해 놓았다. 2019년 가을 아버지와 나는 남해와 강원도 여행에서 돌아와 다음 여행을 계획했다. 2020년 봄에 다시 만나 남도 여행을 가기로 아버지와 약속한 지 2년이 지났다. 2016년, 뉴욕에서 40년을 사셨던 부모님은 어머니 병세가 심상치 않아 급히 한국으로 가시게 되셨다. 그 후 수술 후유증을 겪던 어머니를 하늘나라에 먼저 보내드리고 2018년부터 혼자 되신 아버지는 수원의 유당마을(시니어타운)에 살고 계신다. 누나가 자주 뵈러 가시지만 혼자 얼마나 외로운 시간을 보내고 계실지 아들로서 늘 죄송할 따름이다. 그때부터 아버지와 나는 봄, 가을에 둘만의 전국 여행을 다니고 있다. 이번 여행은 봄, 가을 그리고 또 한 번의 봄을 건너뛴 가을에 떠나는 오랜

만의 여행이라 만감이 교차한다.

93세의 아버지를 모시고 하는 여행은 특별히 신경써야 할 것이 많다. 언제라도 갑자기 건강 상태가 변할 수 있는 나이시니 늘 컨디션도 살펴야 하고 드시는 약들도 잘 챙겨드려야 한다. 2년 전 여행 때와는 또 다른 상황일지 모르니 마음은 조금 더 긴장된다. 여행에 필요한 서류들과 스마트폰의 유심카드, 아버지를 잘 모시고 다닐 렌터카 예약을 다시 한번 확인하고 점검했다. 나만을 위한 옷가지를 챙길 정도의 여행이 아니다.

어디를 가고 무엇을 보며 무엇을 먹고 어디서 쉬는지 우선 몇 년 전보다는 더 연로해지셨을 아버지가 감당할 수 있는 범위 내에서 예전보다 가볍지만 알찬 여행이 되어야 한다. 계단을 오르내리거나 비탈을 내려가는 장소는 피해야 하고 맛집이라고 해도 저염분 식사를 할 수 있는 식당을 찾아야 한다. 아침은 아버지가 좋아하시는 호텔 뷔페를 이용하겠지만, 점심과 저녁은 그 지역의 특산물이나 새로운 것을 아버지께 대접하고 싶다. 앉기 불편하신 아버지는 바닥에 앉는 식당에는 가기 어려우니 의자에 앉아서 드실 수 있는 식당인지도 면밀히 살펴야 한다.

세상은 '뉴 노말(New Normal : 새로운 표준)'이라는 새로운 국면으로 접어들었다. 이 여행은 얼마 전까지만 해도 상상치 못할 일이었지만 직계 가족에게 주는 대한민국 정부의 배려로 가능해졌다. 단지 시간 내에 검사 결과가 나오지 않아서 여행이 연기된 사람의 이야기며, 상상치 않았던 무증상 양성 반응으로 14일의 자가격리로 졸지에 발이 묶인 사정들이 나를 약간 불안하게 했다. 하지만 내가 비록 단번이 아닌 두 번의 신청 결과이긴 했지만 자가격리 면제 허가를 받았고, 비행기 탑승을 위한 코로나 검사가 음성으로 잘 통과되어 JFK 공항(뉴욕의 공항)까지 갈 수 있게 된 것은 '뉴 노말New Normal'의 기쁨이었다.

한편 아버지는 지난번 2019년 여행 이후 아들과의 여행을 위해서 매일 걷는 연습을 하신다고 하셨다. 93세 아버지에게는 잘 걷는 것도 이미 큰 축복이다. 못 걸으면 민폐라고 하시며 2년을 그렇게 준비하시는 아버지에 비하면 나의 출국 준비 과정은 너무도 작은 수고였다.

2. 2년 만의 재회

비행기는 인천국제공항에 정시에 도착했다. 팬데믹(전염병의 전 세계 유행 현상)임에도 불구하고 해외에서 입국한 승객들이 많았다. 입국장의 행렬은 초입부터 길게 줄지어 있었다. 오랜 시간 비행을 마친 승객들의 눈에는 피곤보다는 목적지에 무사히 도착했다는 안도감이 반짝이고 있었다. 팬데믹 시대의 생소한 입국 절차를 모두 인지하고 있는 듯, 앞과 끝이 보이지 않는 행렬에도 누구 하나 불만이 없었다. 조금씩 앞줄이 줄고 있다는 것만도 다행스러웠다. QR 코드, 방역 앱application, 이 모든 것이 나에게는 낯설었지만, 파견되어 나온 군인들의 친절한 도움에 감사했다. 14시간 이상 걸려 도착한 인천국제공항은 아무리 그 행렬이 길어도 그 어느 때보다 내 마음을 설레게 했다.

여정의 피곤보다는 2년 동안의 누적된 그리움을 보상받을 기대감과 나를 손꼽아 기다리고 계실 93세의 아버지를 생각하니 벅찬 마음은 비를 먹은 버섯처럼 이미 커지기 시작했다. 잘 도착했는지 누님의 문자가 쇄도하고 미국 통신 회사에서까지 서비스를 안내하는 문자가 왔다. 뒤를 돌아보니 끝도 안 보이는 행렬은 계속 이어지고 있었다. 사실 검사하는 시간만 조금 더 걸렸지 입국장의 과정은 상상하지 못할 정도는 아니었다. 준비한 서류를 제출하고 어느 때보다도 더 친절한 행정 담당자들이 긴 행렬만큼 인내심을 갖고 열심히 진지하게 일하는 모습을 보니 흐뭇했다.

입국장을 나와 유심 카드를 예약한 통신사 부스로 갔더니 긴 줄이 기다리고 있었다. 팬데믹으로 모든 인력이 감소한 것 같다는 느낌을 받았다. 예약한 렌터카 회사에서 문자가 계속 들어왔다. 렌터카 예약 시간이 한 시간 이상 지났기 때문이다. 상황은 더 늦어졌고 시간은 더 빨리 가고 있었다. 렌터카를 전달받고 짐을 싣고서야 아버지께 전화를 드렸다. 아버지는 흥분된 목소리로 고생 많았다고 하시며 이젠 천천히 오라고 하셨다. 벌써 염려이시다. 내비게이션을 설정하고 떠날 준비를 마치니 이미 저녁 8시가 넘었다.

가는 동안 졸음운전은 하지 말라고 재차 확인하는 아버지의 전화를 받았다. 환갑 넘은 아들도 물가에 내놓은 어린아이처럼 생각하시는 마음을 고스란히 느낄 수 있었다. "환갑도 넘은 아들을 이렇게 걱정까지 하시네요." 그러자 "이젠 너도 환갑이 넘었으니 걱정인 거야!" 화답하시는 아버지의 위트가 사랑스러웠다.

잘 만든 고속도로를 이용하여 아버지가 미리 와서 기다리시는 충주집에 도착하니 밤 11시가 거의 다 되었다. 그 시간까지 기다리시는 아버지의 환영을 받으며 부자는 2년 만에 상봉하였다. 궁금해하실 뉴욕 근황이며, 자가격리 면제 과정이며, 코로나 검사며, 뉴 노멀 등 잠시 귀국 보고를 하고 나니 어머니에게 표현력 없으신 것으로 평가받았던 아버지는 "감사하다. 이 모든 것이 하나님의 은혜다."라고 답하셨다.

무슨 말이 더 필요하겠는가? 나는 매번 아버지를 떠나 뉴욕에 오는 길이면 항상 죄송함에 마음이 무거웠고, 아버지께서는 또다시 볼 날을 기약하며 아쉬움 덩어리를 삼키시곤 했다. 그러나 오늘은 모든 것을 다 잊고 재회의 기쁨만을 만끽했다. "자, 이제는 잘 자고 내일 일찍 보건소 가자." 내 스케줄을 이미 다 꿰고 계신 아버지를 꼬옥 안아 드렸다. 이제는 한 아름도 채 안 되는 아버지의 품에서 그간의 그리움과 외로움이 진하게 느껴졌다. 눈물이 핑 돌았다.

3. 새벽 안개 속으로

아침 일찍 충주 보건소에서 코로나 검시를 받았다. 그 결과가 나오는 저녁 8시까지는 자가격리를 해야 한다고 했다. 그러나 오후에는 잠시 틈을 내어 근처에 있는 어머니 묘를 다녀왔다. 성묘를 마치고 집에 돌아오니 아버지께서 다음날 새벽 4시에 출발하자고 말씀하셨다. '새벽 4시 출발'이라는 아버지의 결정은 몇 년 동안의 추석 연휴 교통을 연구하신 합리적인 결정이었고 오랜 군 생활에 익숙한 작전 같았다.

이튿날 새벽 4시. 여행의 첫 도착지는 덕유산 국립공원이었다. 그곳에서 아침을 먹고 목포, 해남에서 점심을 하는 일정이었다. 그런데 지난밤 문자로 보내준다던 검사 결과가 아직도 도착하지 않았다. 이렇게 떠나면 방역법을 어기는 것이지만 나는 아버지의 시간을 흔들고 싶지 않았다. 그 어떤 법적 책임을 지더라도 이 순간이 더 중요하다고 생각했다.

93세의 아버지와 63세의 아들이 함께 떠나는 여행이 드디어 시작되었다. 기도하시는 아버지의 가는 숨소리를 들으며 오렌지빛 안개가 짙은 가로등 골목을 빠져나왔다. 쾌적한 새벽 공기는 수면의 아쉬움도, 방역법을 어긴 죄책감도 모두 잊게 했다. 새벽 공기에 몸과 마음이 상쾌하고 행복해졌다. 안개를 휘감고 우리 차는 고속도로에 올랐다. 아버지 말씀처럼 도로는 정말 한산했다. 35번 고속도로를 타고 대전을 지나는데 아버지가 먼저 이야기를 꺼내셨다. "확진자들에게 먼저 문자를 보내느라 늦는 걸 거야." 잊고 계신 줄 알았는데 먼저 말씀을 하신다. 두 사람은 묵시적으로 이미 저지른 일에 대한 공범의 책임을 느끼며 그 누구도 토를 달지 않았다.

차는 어느새 어둠이 조금씩 걷히는 안개 낀 어느 산중턱을 오르고 있었다. 덕유산 국립공원 안내 문구가 보였다. 덕유산의 찬 기운에 못 이겨 구름은 아직도 산중턱에 걸쳐 있었다. 고속도로 출구를 나와 무주리조트 표지판을 따라 굽이굽이 거침없이 오르내리며 달렸다. 터널 속이 돗자리 깔면 캠핑도 할 수 있을 만큼 좋은 비상 방공호도 될 수 있겠다고 극찬을 하셨다. 다리와 터널에 대해서도 몇 마디씩 평가하시며 전직 해군 엔지니어로서의 면모를 보여주셨다.

무주 관광특구라는 푯말이 보이자 새로운 이국적 느낌이 눈에 들어왔다. 겨울엔 스키로, 여름엔 피서로 사람들이 찾는 장소이다. 어느 유럽 산장에 온 듯한 느낌을 주는 타운에 도착했다. 아버지가 경관을 즐기고 계시는 동안 나는 문을 연 식당을 찾아야 했다. 이럴 수가! 아침 6시 조금 지나 도착한 이곳에는 코로나 영향 때문인지 영업 중인 식당이 없었다. 아침 식사를 이곳에서 해야 하는데 큰일이다. 바로 그때 '무주 덕유산 C.C'라는 화살표가 눈에 들어왔다. 아직 63세의 쓸 만한 아들의 순발력. 골프장 클럽하우스가 있지 않겠는가! 주변 경치를 보며 골프장에 도착했다. 종업원은 골프장이 훤하게 내려다보이는 테이블로 우리를 안내했다. 비록 문을 연 식당이 없어서 우연히 찾아온 곳이지만 올 만한 멋진 장소였다.

위기는 더 큰 위기로 잊는다고 했던가? 방역법 염려는 시장기에 밀려 덕유산 골짜기에 이미 묻혀 있었다. 경치만큼 전복 미역국과 육개장도 일품이었다. 아버지는 산속에서 드시는 최고의 아침에 만족해하시며 골프 핸디도 물어보실 정도로 여유가 있었다. 행복해 보였다. 식사 후에 차 한 잔을 마시고 있는데 코로나 음성 검사 결과 도착. 자유를 얻은 어린애들처럼 우리는 서로 마주 보며 크게 웃었다. 할렐루야!

4. 세월을 자축하는 여행

멋진 아침 식사를 마치고 차에 올랐다. 그사이 모든 운무는 사라지고 세상은 가을을 예고하는 짙은 자연의 빛들로 가득했다. 누렇게 익어가는 논밭은 그야말로 황금빛이었고 숲은 아직 남은 푸르름을 발산하고 있었다. 웅장한 지리산이 시작하는 곳과 덕유산을 좌우에 두고 그 사이를 차는 달렸다. 덕유산의 끝자락을 뒤로하고 이어지는 지리산의 장엄함은 압도적이었다. 우리나라는 작지만 큰 나라라는 생각이 불현듯 들었다. 지리산 휴게소, 이곳을 경계로 영남과 호남이 나누어지고 동편제와 서편제의 판소리도 이곳에서 나뉜다고 한다. 그곳엔 300년 노송들이 휴게소 중앙에 서 있었다. 이 노송들은 지리산 구룡폭포를 찾아 명창들이 득음하기 위해 오다가다 잠시 쉬는 그늘을 제공했을 것이다. 아버지와 나는 그 솔 마당을 잠시 거닐며 각자의 상념에 잠겨 보았다. 잘 걸으시는 아버지에게 감사하는 마음을 갖는 동안 300년 노송을 대견스레 보시는 아버지의 눈빛이 100세를 향한 자신감으로 느껴졌다. 남원을 지나 광주를 거쳐 목포로 향했다.

서쪽으로 갈수록 도시마다 펼쳐지는 고층 아파트를 보며 옛날을 회상하시는 아버지의 깊은 눈가에 퍼진 웃는 주름들이 내게 즐거움으로 고스란히 전달되었다. "안 졸리세요?" 나는 조용히 아버지에게 물었다. "이 순간들이 얼마나 귀한 시간인데 졸면 안 되지."라고 답하셨다. 연로하신 아버지의 컨디션에 따라 움직여야 하기에 가끔 여쭤보아야 했다. 차는 목포에 도착했다. 먼저 점심이 예약된 해남의 한정식집으로 향했다. 비린 것을 싫어하시는 아버지의 미각을 중심으로, 리뷰를 보며 정한 곳이다. 이 집 음식은 깔끔하고 아버지 입맛에 딱 맞았다. 정성은 많이 조미료는 아주 적게 들어간 느낌이랄까, 양이 많아 남길 수밖에 없었지만 남도의 풍부한 음식 문화가 느껴지는 오찬이었다. 식당에서 무료로 제공하는 종이컵 믹스커피 한 잔을 마시고 해남이 자랑하는 세계유산 두륜산 '대흥사'로 향했다.

나와 아버지의 여행을 꼭 카테고리를 만들어 넣는다면 '묻지 마 여행'에 가까울 것 같다. 아무 조건 없이, 아무 것도 따지지 않고 그냥 믿고 떠나는 여행이다. "대흥사 다녀오셨어요? 차를 타고 정상까지 가 보셨어요?" 식당 사장님의 질문에 고무되어 '차를 타고 정상까지'라는 키워드로 정한 곳이 '두륜산 대흥사'였다.

아버지의 외모는 2년 전과 큰 변화가 없으신 것 같아도, 순발력이 달라지셨다. 차를 타고 갈 수 있는 곳까지 간 후에

반경 50m 정도를 걸을 수 있는 곳이 적당했다. 대흥사는 두륜산 전체가 경내라고 해도 과언이 아니다. 산 정상에 가까운 암자까지 갈 수 있는 길을 만들어 놓았지만 차가 안전하게 갈 수 있는 길은 아니었다. 바퀴가 이탈할 것만 같아 등골이 서늘해지는 상황도 몇 번 겪으며 정상으로 올라가는데, 차 지붕에 가끔 떨어지는 도토리 소리가 긴장을 더 자극한다. 그런데 옆에 타고 계신 아버지는 편한 모습이었다. 아들을 온전히 믿고 계셨다. 나의 어릴 때 모습을 보는 듯했다. 아버지와 아들은 그런 관계였다. 지금은 하늘을 가린 숲속의 경치를 즐기고 계시지만 늘 바퀴가 이탈할 것만 같은 긴장 속에서 말없이 그렇게 살아오셨던 것이 아니었을까? 마지막 고개를 넘어 드디어 정상에 올랐다. 차에서 잠시 내려 눈 아래 펼쳐진 경관을 보며 우리는 각자 지나온 세월을 자축했다.

5. 빛나는 아침의 나라

호텔에 도착하니 오후 5시쯤 되었다. 호텔은 목포 앞바다가 훤히 보이고 현대 조선의 상징인 골리앗 기중기가 첫눈에 들어오는 좋은 경관을 지닌 곳에 있었다. 방에 들어오니 시차와 운전으로 누적된 피로가 갑자기 쏟아졌다. 아버지도 많이 피곤하신 듯했다. 눈을 조금 붙이고 저녁 식사를 하기로 하고 두 사람은 깊은 수면에 빠졌다. 두어 시간 정도 눈을 붙이고 일어났는데 아버지는 아직도 곤히 주무시고 있었다. 나는 옆에서 글을 쓰며 아버지가 일어나시길 기다렸다. 8시가 넘어서야 눈을 뜨신 아버지는 "거뜬하게 자~알 잤다." 하시며 눈빛이 초롱초롱해지셨다. 식사 생각은 없다고 하셨다. 나 역시 그랬다. 충주에서 가져온 홍로 사과와 간식을 몇 입 드시고 아버지가 그간 공부해오셨던 천사대교의 야경을 보기 위해 호텔을 나섰다.

바다 위에 떠 있는 불빛. 야경들이 멋지게 눈에 들어왔다. 그 많은 섬이 작고 큰 다리로 연결되어 있었다. 천사대교는 1,004라는 숫자를 의미한다. 2019년에 개통된 이 다리는 2차선으로 그 길이가 7.22km로 다리의 명칭은 신안군이 1,004개의 섬으로 이루어진 지역의 특성과 상징성을 고려하여 지역 주민을 상대로 공모, 국가 지명위원회에서 결정한 교량 이름이라고 말씀하셨다. 국내 최초로 하나의 교량에 사장교와 현수교가 동시에 배치된 교량이며, 우리나라 해상 교량 중에 네 번째로 긴 교량이라고 아버지는 극찬하셨다. 사실 이 다리의 숫자와 통계는 나에게 그다지 중요하지 않았다. 그동안 93세의 아버지가 아들을 위해 인터넷으로 공부하셨다는 것이 나에게는 더 소중하고 감사할 따름이다.

두 시간 뱃길을 10분 만에 간다는 것은 정말 신나는 일이었다. 뼛속까지 해군이신 아버지의 관심은 당연히 바다와 섬들이었다. 천사대교에 도착했을 때 원더풀을 연발하시는 아버지의 천진스러운 모습을 보며 나는 그저 기쁠 뿐이었다. 천사대교보다 더 길고 웅장한 뉴욕 허드슨강의 타판지Tappan Zee 다리를 건널 때도 흥분하지 않던 분이셨는데 천사대교를 보며 감격해하시는 아버지는 오로지 나라 사랑뿐이셨다. 그 다리를 건너 돌아오면서 이순신 장군의 명량 해전을 승리로 이끈 울돌목의 빠른 조류에 대한 설명도 잊지 않으셨다.

이튿날 목포에서 맞이한 새벽은 찬란한 주황빛으로, 많은 섬 너머에서부터 열리고 있었다. 이 나라를 <고요한 아침의 나라 조선Choson, the Land of the Morning Calm>이라고 세상에 처음 알렸던 19세기 말 퍼시벌 로웰Percival Lawrence Lowell의 책 제목이 시발점이 되어 지난 200년 동안 그렇게 불려왔다. '조선'이란 국호를 영어로 그렇게 의역했다는 것에 나는 늘 불만이었다. 문자적인 어원도 Morning[조(朝)]에 Splendid[선(鮮)]이다. 그렇다면 '눈부시게 빛나는 아침의 나라'가 맞는 표현이 아닐까? 무력한 미학적 표현을 유교적 선입견으로 저항 없이 참고 듣는 것처럼 느껴지는 것은 왜일까? 오늘 보는 목포의 아침과는 너무도 상반된 듯했다. 이토록 찬란한 아침의 나라인데…….

내가 오늘 목격한 목포의 아침은 빛났다. 기세가 넘치는 바쁜 조선소의 골리앗 기중기들을 보는 내 느낌은 'The Land of Bright Future(찬란한 미래의 나라)'였다. 그 찬란한 희망이 명량 해전의 울돌목 조류처럼 빠르게 성장하는 '빛나는 아침의 나라' 바로 그 조선이었다.

6. 설렘이 충만한 여행

아버지와 나는 기세가 넘치는 목포 조선소의 골리앗 같은 기중기들로부터 새로운 기를 받고 소망이 무럭무럭 솟아나는 축복받은 목포의 아침을 맞이했다. 조식하는 식당은 이미 많은 사람으로 북적였다. 아버지가 호텔 조식 뷔페를 좋아하시는 이유가 있다. 미국 생활을 오래 하신 아버지는 웨스턴 오믈렛(Western omelet : 서양 요리의 하나)과 소시지 크루아상, 오렌지 주스, 채소, 과일을 매우 좋아하신다. 그리고 아들이 다 알아서 풀 서빙하는 둘만의 편한 자리였다. 반면 아직도 미국에 사는 나는 이런 곳에 오면 평소에는 아침으로 먹지 않았던 흰죽에 짭조름한 멸치볶음 같은 밑반찬과 잘 구운 김, 황탯국에 먼저 손이 갔다. 우리는 같은 테이블에서 서로 다른 노스탤지어를 품고 아침 식사를 했다.

목포는 '눈물'과 '항구'로 알려진 도시라기보다는 옛것과 새것이 절묘하게 어우러져 새로워지는 도시 같았다. 한편에는 바다 위 하늘을 나는 케이블카들이 연이어 떠 있었고, 다른 한편인 신안 앞바다에는 크고 작은 섬들이 그림처럼 떠 있었다. 유달산 정상에 드리워진 케이블카부터 이름 모를 작은 섬들까지, 목포는 더는 눈물의 항구로만 기억되지 않을,

설렘이 충만한 도시였다.

군산 새만금으로 향했다. 목포에서 군산까지는 1시간 반 징도 걸린다. 오늘은 70년대 조미미가 부른 <바다가 육지라면>이라는 노래를 생각하지 않을 수 없다. 아버지 시절의 노래이다. "얼마나 멀고 먼지 그리운 서울은 파도가 길을 막아 가고파도 못 갑니다. 바다가 육지라면 바다가 육지라면……." 새만금은 방조제로 만경강과 동진강의 하류를 막고 내부를 매립하여 지도의 모양을 바꾸어 놓은 18년 이상 걸린 이 지역의 숙원 사업이었다. 오랜 기일에 걸쳐서 큰일을 하다 보면 정권 교체, 산업 수요의 변화와 환경에 미치는 부정적 견해들로 말 많고 탈 많은 것은 다반사이다. 그래도 바다가 육지가 되었다는 것은 이 작은 나라가 커졌다는 의미에서 바람직한 일이라고 아버지와 나는 뜻을 같이했다.

어느새 새만금이라는 푯말을 지나 바다가 육지로 바뀐 땅을 달리고 있었다. 처음에는 농지를 확장하려는 목적이었으나 쌀의 수요가 줄면서 산업 단지를 조성하게 되었다고 했다. 간척지 끝에 도착하니 군산과 부안을 연결하는 방조제가 있었다. 이 방조제는 이미 세계에서 가장 긴 방조제로 기네스북에 올랐다고 했다. 코로나 상황임에도 추석연휴 탓인지 가족 단위로 온 많은 사람이 눈에 띄었다. 수산 시장과 즐비하게 들어선 큰 규모의 횟집들도 그 모습이 대단했다. 긴 방조제를 달리다 중간쯤에 있는 휴게소에 들러 깨끗한 화장실을 감사하게 사용하고 되돌아왔다. 이 지역의 명소로서 지역 발전에 크게 이바지하기를 아버지와 나는 바랐다.

해가 중천이다. 항구에 많은 횟집들이 있었지만 아버지는 비린내가 진동하는 길목을 벗어나자고 하셨다. 새만금을 벗어나 시내 군산 대학교 근처에 있는 황금 코다리찜과 갈비찜을 전문으로 하는 맛집을 찾아갔다. 코로나 방역에도 불구하고 식당은 만원이었다. 서울보다 지방이 방역 제한이 허술한 듯했다. 자리를 잡고 앉으니 입에서 벌써 군침이 돈다. 주문한 대로 짜지도 맵지도 않은 맛있는 점심이 나왔다. 군산은 목포와 맛이 조금 달랐다. 차로 1시간 반 차이일 뿐인데도 반찬에서 젓갈 냄새가 덜 나는 것 같았다. 식당 카페에서 무료로 제공하는 커피 한 잔을 마시고 전주로 향했다.

7. 맛보다는 잠

군산과 전주는 불과 한 시간 거리이다. 군산에서 전주로 이동하는 길은 비교적 곧게 뻗어 있었다. 회전 한 번 없이 번영로를 따라 동쪽으로 한 시간을 달리면 전주에 들어선다. 군산이 역동적인 놀라운 변화의 도시라면, 전주는 옛것을 잘 보존한 도시라고 했다. 넓은 들판이 펼쳐져 있었다. 황금빛의 벼가 격자무늬로 수놓은 대지는 숭고함마저 느껴졌다.

"아버지, 여기가 우리나라 최대의 평야인 호남평야인가요?"

아버지는 곤히 주무시느라 대답이 없으시다. 멀리 완만한 산등성이만 보일 뿐 넓은 곡창지대는 끝이 없다. 일제강점기 때 이곳에서 수확한 쌀을 번영로를 이용해 군산으로 싣고 가서 군산에서 다시 배로 일본으로 날랐다던 그 길인가? 궁금해졌다. 아버지는 어쩌면 아실 텐데…….

군산 하면 '회', 전주 하면 '전주비빔밥'이듯이 사람들은 지방 도시를 얘기할 때 그 지역을 대표하는 먹거리를 가장 먼저 떠올린다. 이번 여행이 시작되기 전부터 주위 사람들로부터 많은 먹거리를 추천받았다. 어디를 가면 무엇을 꼭 봐야 한다는 것보다는 무엇을 꼭 먹어야 한다는 말들을 더 해주었던 것 같다. 음식은 그 지역의 많은 것을 반영하기 때문에 여행의 중요한 아이템 중의 하나이다. 그런 점에서 본다면 이번 여행은 많은 아쉬움을 남겼다. 고작 하루 세끼인데 아침을 호텔에서 잘 먹고 나서 점심에 구경하다 한 상을 먹고 나면 저녁에는 그다지 식욕이 없었기 때문이다.

93세의 아버지와 63세의 아들이 함께 여행하며 공감하는 것 중 하나가 예전 같지 않은 식욕이다. 마음은 청춘인데 몸이 따라오지 않는 것들이 많았다. 그중 하나가 식욕이다. 나와 아버지처럼 매일 섭취해야 하는 하루 영양제와 약들이 손바닥 한 줌인 사람들에게는, 맛난 음식들에 대한 욕심보다는 시간 맞추어 먹어야 하는 약을 서로 잘 챙기며 다녀야 하는 그런 여행이었다.

잠시 졸고 계셨던 아버지는 많이 피곤하신 듯했다. 호텔에 도착한 시간은 오후 3시가 조금 넘어서였다. 깨끗하고 편안한 침대를 보니 절로 쉬고 싶었다. 잠이 쏟아져서 잠시 눈을 감고 한 시간만 쉬었다가 한옥마을에 가서 저녁으로 전주비빔밥을 먹기로 하고 아버지와 나는 깊은 잠에 빠졌다. 충분한 휴식을 취하며 여행을 하고 있었지만, 시차 적응도 하지 못한 나와 바쁜 일정을 함께해야 했던 아버지에게는 아무래도 누적된 피로가 많았다.

아뿔싸! 비몽사몽간에 내가 눈을 잠시 떴을 때는 저녁 9시가 넘어 있었고 아버지는 여전히 곤히 주무시고 있었다. 전주비빔밥은 생각도 나지 않았다. 아버지와 나에게는 먹는 것보다 더 중요한 건 잠을 잘 자는 것이었다. 필요한 수면은 산삼보다 좋은 보약이라 했던가.

인기척에 눈을 뜨니 아버지께서 먼저 일어나 계셨다. 그때가 새벽 세 시, 열 시간 정도를 푹 자고 난 두 사람은 서로 어이없다는 듯 마주 보며 웃었다. 정리해보니 내가 잠시 깨면 아버지가 곤히 주무시고 있었고, 아버지가 잠시 눈을 뜨셨을 때에는 내가 옆에서 정신없이 자고 있었던 것이었다. 서로에게 잠을 배려하다 보니 그렇게 된 것이다. 충주에서 누님이 간식으로 챙겨 주신 홍로 사과와 초코파이를 먹으며, 지난여름 뉴욕에서 온 증손주들과 코로나 방역 때문에 극적으로 상봉했던 얘기로 꽃을 피웠다. 남들 다 자는 이른 새벽에 일어나서 서로 손주들을 자랑하며 좋아하고 있는 두 할아버지의 즐거움은 창밖이 훤해질 때까지 계속되었다.

8. 테마가 있는 여행

전주의 아침, 오랜만에 긴 잠을 잘 수 있었다. 정신도 맑고 몸도 가벼웠다. 내일은 아버지가 살고 계시는 수원의 유당마을에 다시 입소하는 날이다. 유당마을 입소를 위해서는 오늘 코로나 검사를 받고 음성 판정서를 지참하고 가셔야 했다. 지인의 도움으로 호텔과 가까운 병원에 가서 아버지는 코로나 검사를 받으셨다. 그 결과는 당일 오후에 문자로 보내준다고 했다. 살고 계시는 시니어타운의 방역이 합리적으로 확실하게 잘 진행되는 것을 보며 많이 안심되었다.

검사를 마치고 그 유명하다는 전주 한옥마을에 도착했다. 관광객들이 많아 주차할 수 있는 곳까지는 한참을 가야 했다. 어쩔 수 없이 입구에서 관리하시는 분께 양해를 구하고 잠깐 차를 세운 후 한옥마을 입구를 둘러보며 사진 몇 장 찍는 것으로 대신했다. 내용은 유튜브를 보면 더 잘 나와 있으니 그것으로 대신하자고 아버지께서 말씀하셨다. 실제로 한옥마을을 둘러보는 것은 많이 걸어야 하니 쉬운 일이 아니었다. 지체하지 않고 남원으로 향했다.

전주에서 남원 가는 길은 춘향로(17번 국도)를 따라 남쪽으로 한 시간 남짓 걸리는 길이다. 이 길은 이몽룡과 성춘향의 사랑 이야기가 시작되는 길이다. 남원은 춘향전을 통하여 어릴 때부터 잘 알고 있는 친숙한 이름의 고장이다. 남원에 거의 도착했을 무렵 일명 '춘향고개'로 불리는 박석고개에는 그 옛날 한양으로 떠나는 이몽룡을 보고 춘향이가 슬픔에 겨워 버선을 벗어던져 생겼다는 '춘향이 버선밭'과 가슴 아린 이별을 나눈 춘향의 눈물이 모여서 만들어졌다는 눈물 방죽과 오리정 푯말이 돌에 씌어 있었다. 서민들의 꿈과 정서를 보여주는 조선 소설의 최대 걸작으로 남녀 간의 사랑과 여인의 정조 그리고 사회 계급 간의 대립과 투쟁으로 읽혔던 춘향전을 얘기하며 우리는 남원으로 들어섰다.

남원에 가면 추어탕을 꼭 먹어야 한다. 그 권유에 따라 유명한 추어탕 집에 도착했다. 그 지역에서 잡은 미꾸라지와 현지에서 생산된 시래기로 만들어 별미를 만들어낸다고 한다. 광한루 주변, 남원 요천 강변의 허름한 식당은 노인 부부가 운영하고 있었다. 사실 누가 원조인지는 알 수 없다. 관광객은 그러면 그렇다고 생각하고 맛있게 먹으면 그만이다. 듣던 대로 추어탕은 정말 맛있었다. 가끔 씹히는 잔뼈도 그다지 나쁜 식감이 아니었다. 미꾸라지는 죽어서 그 격이 추어(鰌魚)로 격상된다는 얘기와 추어의 영양학적 구성 그리고 그 지역에서 나오는 유기농 재료만 썼다는 자랑이 식당벽에 커다랗게 설명되어 있었다. 허름한 큰 쟁반에 가득 채운 반찬과 추어탕 백반은 유명할 만했다. 산나물 무침들은 분명 건강식이고 맛도 정갈했으며 만족스러웠다. 사족 하나. 허름한 식당이라 해도 비데가 설치된 깨끗한 화장실이 매우 인상적이었다. 광한루를 지나 남원시 중심을 구경하며 가는데 이 도시는 온통 춘향전 테마파크 같았다.

대한민국의 도시와 도시를 잇는 국도와 고속도로를 다닐 때 놀라운 점은 도로 상태들이 양호하다는 것과 도시의 전통과 특색을 살려 테마를 형성한 도시들이 그 품새를 지키고 있다는 점이다. 자기 고장만의 특징을 살리려는 노력을 쉽게 찾아볼 수 있었다. 차는 어느덧 남원을 빠져나와 광주-대구 고속도로에 올랐다. 띵! 기다리던 문자가 도착했다. 코로나 검사 결과가 음성이었다.

9. 감성 여행

남원을 뒤로하고 광주-대구 고속도로에 올랐다. 병풍을 두른 듯한 험준한 산세를 느끼며 도로를 달리다보면 그 기운이 깊은 터널로 모여들다가 그 터널을 빠져나오면 높은 교각이 도로를 받쳐주어 마치 하늘을 나는 것 같은 기분을 느낀다. 왼쪽은 높은 산이고 오른쪽 아래로는 작은 집들이 저만치 보이고 금빛 논밭도 한눈에 들어온다. 이 아름다운 풍경은 이 고속도로를 지나는 동안 계속 연출되었다.

지난 여행 이후 아버지는 이 여행을 계획하시며 동서를 가로막은 소백산맥을 시원스레 통과하는 이 고속도로에 푹 빠져 계셨다. 나들목, 분기점, 휴게소, 최고 교각의 높이, 터널이 몇 개인지부터 시작하여 한반도 미래에 미칠 영향까지 연구를 많이 하셨다. 영호남 지역은 소백산맥이 가로놓여 예로부터 교류가 원활치 못하였고 언어, 생활, 풍습이 서로 다른 이질적 문화권을 형성했으며, 교류가 소원한 관계로 말미암이 고질적인 지역감정이 자연히 싹텄을 뿐만 아니라, 특히 남부 내륙 지역은 낙후 지역으로 남게 되었다고 하셨다.

아버지는 많은 나라가 지역주의를 겪는다고 하시며 예컨대 미국의 남북지역주의도 1970~80년대를 거치면서 급변

하기 시작했는데, 경제적 균형 발전 덕분에 지역주의를 극복했다고 얘기하셨다. 경제적으로 여유가 생긴 미국 남부도 그로 인해 북부에 가졌던 상대적 박탈감을 덜 가지게 되었고 결국 경제적 여유가 정치적으로 닫힌 마음을 열게 했다는 예를 드셨다. 이런 맥락에서 이 '광주 대구 고속도로'(구 88 고속도로)는 영호남 지역을 직접 연결해 상호 교류가 촉진되었고, 두 지역의 산업을 연계하여 두 지역의 인적 물적 교류가 확대됨에 따라 지역 격차를 완화하는 역할을 감당하고 있다고 말씀하셨다. 아버지의 학습 결과는 요즘 말로 대박이었다.

아버지와 내가 떠난 여행은 무엇을 보는 여행이거나 먹는 여행이 아니었다. 우리의 여행은 93세 아버지와 63세 아들이 둘만의 공간과 시간을 같이 만들어가는 감성 여행이었다. 빠르게 지나간 세월을 되돌아보는 성찰의 시간이며 서로를 위로하고 지난 세월을 자축하는 축제와도 같은 여행이었다. 어릴 때는 그렇게도 무섭고 어렵기만 했던 아버지와 친구가 되고 63세 아들이 93세 아버지께 어리광도 부려보는 시간이었다. "아버지, 그때는 왜 하나밖에 없는 아들에게 그렇게 무섭게 그랬어요?" 아들이 따지듯 묻자 "누나들 틈에서 강하게 키우고 싶었지." 나름 많이 미안해하며 멋쩍은 표정을 지으셨다. 일찍 부모를 잃고 어렵게 홀로서기를 하신 아버지의 깊은 눈가엔 많은 생각이 스쳐 지나가는 듯했다.

우리의 대화 속에 가장 많이 나오는 인물은 단연코 어머니였다. 당시 군인의 아내란 역할이 얼마나 힘들었을까? 남편이 배 타고 바다로 출동 나가고 월남이란 낯선 나라에 전쟁까지 하러 가니 보직이 바뀔 때마다 아이들과 함께 보따리 싣고 이사를 전전하셨던 그 과정을 묵묵히 다 겪으셨던 어머니였다. 이 대목에서 아버지와 나는 서로 깊게 공감하는 부분이 있었다. 그것은 어머니에 대한 고마움이었다. 아버지는 어머니를 만나 가정을 이룬 다음부터 비로소 기본을 갖춘 인생이 시작되었다고 고백하셨다. 어머니는 이 두 남자의 인성을 만들어준 위대한 스승이었다. 한 사람은 어머니와 함께하지 못했던 여행을, 다른 한 사람은 부인과 함께하지 못했던 여행을 뒤늦게 아쉬워했다. 두 사람이 탄 차는 중부내륙고속도로 입구를 통과하고 있었다.

10. 또 다른 여행의 시작

이번 여행은 충주를 출발하여 덕유산 국립공원의 무주구천동, 해남, 목포, 군산, 전주, 남원… 제법 여러 도시를 짧은 시간에 두루두루 보며 다녔다. 여행의 즐거움은 상상과 현실에서 오는 물리적 차이나 일치감을 확인하는 과정에서 느끼는 행복감에도 있지만 93세의 아버지와 63세의 아들이 자동차를 타고 둘이서만 하는 여행은 특별한 감동이 있었다. 이렇다고 할 만한 말이 꼭 없더라도 눈길과 숨결을 통해서 서로가 깊이 많은 것을 소통하고 공감하는 특별한 시간이었다.

몇 년 전 아버지와 둘만의 여행을 시작했을 때 그전에는 못해 보았던 아버지의 손도 자연스레 잡고 어깨동무도 하고 부자간의 스킨십을 처음 해보았다. 몇 해가 지나며 이젠 자연스러워졌다. 지루한 운전을 하다 조수석에 조용히 앉아 계시는 아버지의 손을 슬며시 잡는다. '아버지, 사랑합니다. 고맙습니다.' 나는 무언의 표현을 전했다. 그럴 땐 아버지도 내 손을 더 힘있게 꼭 잡으시며 '아들아, 나도 많이 사랑한다.' 그렇게 무언으로 화답하신다. 아버지의 손은 늘 따뜻했다.

이번 여행은 어머니 소천 후 시작한, 부자가 함께 떠나는 봄과 가을 여행 가운데 네 번째 여행으로, 코로나로 세 번을 건너뛴 모처럼 떠난 2021년 가을 여행이었다. 매번 달라지는 아버지의 건강에 맞추어 떠나는 우리의 여행은 해가 더할수록 기간은 짧아졌지만, 그 의미는 더 커가는 것 같다. 낮에는 여행하고 밤에는 그것을 정리하고 기록하여 아버지에게 글로 선물하는 여행을 몇 년째 지속하고 있다. 아버지는 내가 쓴 글들을 너무도 좋아하신다. 매 순간이 무척 귀해서 그 느낌을 서로 흘려버릴 수가 없다.

대한민국 어디를 가나 고속도로 휴게소는 먹거리도 많고, 쉬었다 가고 싶을 정도로 편리하고 깨끗하게 잘 관리되어 있다. 카페에서 커피를 주문하고 기다리는데 아버지께서 화장실에 혼자 다녀오시겠다고 그쪽을 가리키셨다. 아버지의 뒷모습이 사라질 때까지 아버지의 작고 낮아진 두 어깨에서 눈을 뗄 수가 없었다. 그래도 잘 걸으시는 아버지가 너무도 자랑스럽고 감사한 마음에 눈가가 뜨거워졌다. 이 여행을 위해서 걷는 연습을 하셨다던 말씀이 얼마나 감사한지 많은 생각에 젖게 했다. 간혹 걷다가 쉬시는 모습을 보면 가슴이 철렁하다. 아들에게 건재함을 보이시기 위해 무리수를 두는 경우도 있기 때문에 잘 살펴야 한다.

여행이 끝날 시간이 다가올 때쯤이면 우리는 다음 여행을 의논한다. 그 시간부터 우리의 여행은 또 이어지고 아버지와 나는 새로운 숙제를 시작한다. 2019년 추석 달을 보며 남해와 동해의 여행이 끝나갈 즈음에 우리는 그때 남도 여행을 계획했었다. 이젠 또 다른 여행 계획을 세우며 각자의 방법으로 다음 여행을 마음속에 키우는 것이다. 새로운 장소가 정해지면 그때부터 아버지의 새로운 검색은 시작되고 다음 행선지에 대해 관심을 갖고 자료 수집에 들어가신다. 다음 행선지는 울릉도로 정했다. 이번 여행을 통해서 아버지와 함께 갈 수 있는 정도를 고려하여 내린 결정이다. 2만 톤급의 침실이 있는 전천후 울릉도 크루즈가 개통되었다고 한다. 내년 4월 벚꽃 피는 봄을 우리는 울릉도에서 맞이할 것이다. 그때는 '94세 아버지와 64세 아들이 함께 떠난 여행'을 쓰게 될 것이다.

시즌Ⅱ
94세 아버지와 64세 아들이 함께 떠난 여행

1. 열린 국경, 그러나 더 긴장되는 여행

요즘 매일 한국의 코로나 현황을 검색하며 분위기와 상황을 분석하는 일과로 하루를 시작한다. 정점을 찍고 내려오는 그래프의 모양이 예쁜 고드름이 솟듯이 날카롭게 올라왔다가 빨리 내려가는 모양을 기대하지만 그렇진 못하다. 대한민국의 방역 정책을 '함께 가는 코로나with corona'로 전환하고 나니 오히려 검사 숫자도 대폭 줄고 양성자 숫자의 비율도 줄고 있다지만 개운치가 않다. 건강한 사람들에게는 타이레놀 몇 알 먹으면 될지 몰라도 어르신들에게는 치명적일 수가 있다. 까다롭게 방역했던 9월 여행이 더 안전할 수 있었다는 생각이 들었다. 외식을 줄이고 사람들이 많은 실내는 피하고 대중 교통수단을 피하는 자신만의 각별한 방역 프로토콜을 만들어야 한다.

원래 계획대로라면 포항에서 2만 톤급 크루즈를 타고 울릉도로 가야 했지만, 한국의 방역이 열려서 많은 사람이 크루즈를 이용할 것이라는 판단과 울릉도 숙박 상황도 모호한 부분이 있어서 이럴수록 개인 방역의 지혜가 더 필요하다고 느꼈다. 아버지와 나는 충주 집을 중심으로 동서남북을 보고 다니는 여행을 하기로 의견 일치를 보았다.

가능하면 사람이 없는 이른 시간에 맛집을 이용하거나 포장해서 가지고 와 집에서 먹는 방식을 취하기로 했다. 한국 사람이 미국에 오면 한국 음식을 더 그리워하듯이 오랫동안 미국 살던 분들 또한 귀국하면 더 그리워하는 음식이 있다. 예컨대 미국에서 자주 드시던 동네 파스타라든지 아침에 자주 드시던 브루클린(brooklyn : 뉴욕시 롱아일랜드 섬의 남쪽 지구)의 베이글(도넛처럼 생긴 딱딱한 롤빵)이라든지 집에서 해드시던 샐러드 등이 그리워진다.

아버지는 내가 해드리는 파스타를 가장 선호하신다. 미국에서 온 아들이 해준다고 해도 그 맛이 그 맛일 텐데, 지난번에도 즉석에서 해드렸던 변이(變異) 이탈리안 파스타를 너무도 맛있다고 하시며 좋아하셨다. 그래서 오늘 슈퍼에 가서 특별히 재료를 준비했다.

조금 전 아버지와의 통화에서 아버지는 오늘이 D-7이라고 말씀하셨다. 얼마나 아들과의 상봉을 손꼽아 고대하고 계실까. 사실 막상 만나면 별로 표현도 못 하시는 분이지만 전화 속의 목소리는 이미 흥분으로 가득하시다. 공항 렌터카도 재확인했고 그간 못 뵈었던 아버지를 보고 싶어 하시는 이모부와 지인들의 충주 집 방문(PCR 검사필) 순으로 일정을 잡았다. 충주가 한반도의 중심이라 교통이 편하여 전국 어디서

든 두세 시간이면 오고간다.

내 마음도 벌써 설렌다. 아버지의 목소리는 매일 들으니 변함없게 들려도 아버지는 뵐 때마다 늘 조금씩 달라지셨다. 매번 뵐 때마다 죄송하고 떠날 때마다 더 죄송한 만남의 여행이지만 아버지와 함께하는 여행은 해가 거듭될수록 한순간 한순간이 그 어느 때보다 소중하다.

<프레스코 기법 연습>, Fresco on Canvas, 12×12인치

2. 24시간 국경을 넘어

코로나 19가 3년째로 접어들고 있다. 세상은 새로운 낯선 어휘와 겪어보지 못했던 상황들을 만들어냈다. 달랑 여권 하나면 국경을 넘었던 시절이 언제였던가 아득하다. PCR 검사란 낯선 용어도 이미 대중의 언어 속에 자리잡았고 항원, 항체, QR 코드란 단어도 이젠 모두에게 익숙한 어휘가 되었다. 대중들도 의사나 전문가들이 사용하던 언어에 점점 익숙해졌다. 인천 공항에서 렌터카를 탄다는 것을 한 번도 생각하지 못했는데……. 사회적 거리 두기가 만든 코로나의 부산물이다. 이것이 코로나 시대의 국경의 풍경이다.

랑랑의 피아노 연주가 갑자기 중단되더니 기내 방송이 나온다. 도착 40분 전임을 알리는 기장의 목소리가 감사하게 들린다. 14시간 이상의 비행은 쉽지 않다. 제한된 기내 공간에서 할 수 있는 것이 별로 없다. 그중 수면이 가장 좋은 선택인데 눈을 감고 있어도 오만 가지 소리가 다 들리는 것이 기내 수면이다. 어두웠던 조명이 조금씩 밝아지면서 착륙을 준비하는 승무원들의 부산스러움을 보니 곧 만날 사람들의 반가운 얼굴들이 떠오르기 시작한다.

작년 가을보다는 혼동과 혼선 없이 검역 절차가 아주 간단하고 효율적으로 발전한 것 같다. 떠나기 전날 QR 코드를 만들고 미리 모든 정보를 입력한 것이 크게 도움이 되었다. 입국도 늘 같은 수순이다. 검역과 입국 절차를 거쳐 짐을 찾고 나면 예약했던 휴대전화의 유심 카드를 구입하고 주차장에 가서 렌터카를 타고 아버지를 만나러 가면 된다.

코로나 시국임에도 불구하고 두 번째 입국을 하니 어색함도 많이 줄어든 듯하다. 한국에서의 운전이 익숙해지는 것을 느끼며 공항을 빠져나와 고속도로에 올랐다. 미국에 '이지패스(EZ PASS)'가 있다면 한국에는 '하이패스(HIPASS)'가 있다. 첫 번째 톨게이트를 지날 때 현금 받는 곳에서 카드를 충전할 수 있다. 렌터카 회사에서 하이패스를 제공하기 때문에 본인이 현금 톨 부스에서 충전만 하면 된다. 첫 번째 톨게이트를 통과하고 나니 긴장도 풀리고 시장기가 느껴졌다. 용인 휴게소에 들러 갈비탕 한 그릇 능숙하게 비우고 아버지가 기다리시는 충주로 향했다.

충주는 이제 나의 고향처럼 느껴지는 도시이다. 어머니와 아버지를 충주로 모시면서 인연을 맺은 이 도시는 이미 마음속의 둥지가 되어버렸다. 고속도로를 벗어나 내비게이션의 도움 없이도 집을 찾을 수 있을 정도로 익숙한 길들이 나를 반긴다. 이번 여행에는 귀한 손님 한 분을 초대했다. 가까운 친척 어르신 가운데 유일한 생존자인 나의 이모부가, 94세의 아버지와 64세의 아들이 함께 떠나는 여행에 합류하는 것이었다. 팔순에 가까운 연세이지만 아직 60대라고 해도 될 만큼 건강하고 멋진 분이다. 작년 가을, 아버지와 여행 중에 가장 많이 생각났던 분이기에 이번에 초대했다.

길게 느껴졌던 교통 신호등의 빨간불이 초록불로 바뀌었다. 창문을 여니 충주의 밤공기가 상쾌했다. 그리운 얼굴들을 만날 생각으로 마음이 설렜다. 낯익은 아파트 골목의 오렌지빛 가로등 불빛이 내가 몰고 가는 차와 나를 환영하는 듯했다. 뉴욕 시간 오전 9시에 택시를 타고 집을 떠난 후 한국 시간 밤 10시가 되었으니 집 떠난 지 거의 24시간 만에 충주 집에 도착했다. 험하고 높은 국경을 넘어온 아들처럼 아버지와 이모부는 함박 미소로 반겨주셨다.

3. 아버지의 새벽

아버지의 일과는 새벽 네 시에 시작된다. 아버지가 계신 유당마을에는 예쁜 교회가 있다. 온누리 교회에서 지원하는 자체 교회인데 아늑하고, 비가 오나 눈이 오나 언제든지 실내를 통해서 갈 수 있는 곳이다. 내가 처음 유당마을을 방문했을 때 아버지가 맨 먼저 데리고 간 곳이기도 하다. 아버지는 새벽마다 이곳에서 새벽 제단을 쌓으며 기도로 하루를 시작하신다. 아버지에게 새벽의 의미는 감사와 은혜의 시간이다.

새벽은 내게도 은혜의 시간이다. 능력과 승리와 구원과 기적이 있던 값진 시간이다. 주일학교에 다닐 때 들었던 전도사님의 설교 말씀이 생각난다. 여호수아가 여리고 성을 함락한 시간도 새벽이었고, 진퇴양난에 놓여 있던 모세와 이스라엘 백성들을 위해 펼친 홍해의 기적도 새벽에 벌어진 일이었다. 또한 새벽이슬이 내릴 때 예수님이 굶주린 300만의 이스라엘 백성들에게 만나로써 은혜를 베풀었음을 나는 아직도 기억한다. 그래서 나는 새벽을 좋아하는 새벽형 인간으로 자라지 않았을까……. 문득 아버지의 새벽은, 낙심하고 낙향하여 갈릴리에서 헛그물질하는 베드로에게 예수님이 나타나셨던 그 새벽이 아닐까 생각해보았다. 그 사랑에 감격하며 순교할 때까지 예수님을 위해 살았던 베드로처럼 아버지는 그런 마음으로 새벽을 맞이하시는 것 같다. 새벽 예배를 마치시면 나라와 민족을 위하여 기도하시고, 자손들의 이름을 부르시며 그들을 위해 기도하신다.

아버지가 예배와 기도를 마치고 방으로 올라오시면 오전 6시쯤 된다. 그때부터 미국에 있는 자손들에게 일일이 전화를 하신다. 별 내용은 없어도 "이상 무?" 한마디면 끝나는 전화지만 매번 그 의미는 더 소중하고 진지하다. 해가 긴 여름이면 골프를 치다가 잔디 위에서 그 전화를 받기도 하고, 운전 중에 받기도 한다. 웬만큼 가까운 나의 지인들은 다 아는 같은 시간의 전화벨 소리이다. 그 전화는 소망과 생명의 벨 소리, 안도의 메시지다. 코로나 시기에는 더욱 중요한 전화이다.

새벽 시간을 충주집에서 아버지와 함께, 한 공간에서 맞이하는 것은 아버지와 나의 여행에서 또 하나의 큰 의미가 있다. 잠결에 들리는 인기척에 눈이 떠졌다. 김진홍 목사의 설교가 여과 없이 들렸다. 충주에서는 아버지께서 새벽 예배를 보지 못하시니 유튜브 예배를 보신다. 고요한 새벽에 스마트폰 볼륨이 아버지의 방 공간을 다 채우고도 모자라 내가 자는 방까지 들린다. 보청기를 안 하고 계신 것이 분명했다. 매일 당신 혼자만 계시던 공간이니 잠시 잊으셨을 수도 있다. 창문 밖은 아직 시간을 가늠할 수 없는 컴컴한 밤이지만, 아버지가 이미 기침하셨다면 나도 왠지 일어나야 할 것 같은 생각이 들었다. 하지만 아버지의 시간을 뺏고 싶지 않아서 나도 눈을 감고 그 설교를 듣다가 그만 다시 잠이 들어버렸다. 그 시간도 나에게는 아버지의 일상을 엿보는 기회가 되어 행복했다.

<**새벽**>, Acrylic on Canvas, 24×18인치

4. 맑고 푸른 바람이 만든 절경

시차로 인해 토끼잠에 시달렸던 밤이었지만 화창한 한국의 아침을 맞이했다. 거실에서 아버지와 이모부가 이미 아침 대화를 나누고 계신 듯했다. 이모부는 서울, 아버지는 수원에 거주하시기에 두 분의 만남도 오랜만에 이루어졌다. 두 분은 사촌 동서지간이지만 각별한 관계이다. 북에서 피난 내려오신 아버지는 막내로 자라셨다. 그런 아버지에게 이모부는 든든한 아우였다. 내가 어릴 때부터 생각했지만 두 분은 코드가 잘 맞았다. 아버지가 서울을 떠나 부재중일 때에는 우리 가족과 형제들을 늘 돌보아주었던 분이다.

우리와 함께 사시던 외증조할머니가 치매로 길을 잃어 행방을 모를 때, 나와 함께 파출소를 전전하며 밤늦게까지 할머니를 찾았던 기억은 아스라한 추억이지만 늘 마음 깊이 감사한 마음으로 남아 있다. 이모와 연애하던 시절 덕수궁 전시 등 좋은 구경거리가 있으면 나를 데리고 가서 보여주고 늘 맛있는 음식을 사주곤 했었다. 어린 나에게 예술 성향이 있다면 그 부부의 역할이 크다고 생각한다. 한 시대의 공통분모 같은 희로애락을 공유하며 지금도 만나면 나눌 추억이 많은 이모부이다. 그런 이모부와 아버지와 함께 떠나는 여행은 또 오래 간직할 새로운 추억을 만들게 될 것 같다.

대한민국의 중심이자 청정 일번지라고 불릴 만한 충주호는 1985년 충주댐을 만들며 생긴 인공 호수이다. 제천에서는 청풍호라고 부르는 이 호수는 충주와 제천과 단양에 이르는 광활하고 아름다운 호수이다. 이탈리아에 루가노Lugano 호수나 코모Como 호수가 있다면 대한민국에는 충주호가 있다고 할 정도이다. 독일의 보덴호Bodensee나 북아메리카의 오대호와 같은 빙하호보다는 비록 호수의 역사는 짧지만, 그들과 비교할 수 있을 만큼 수려하고 그 규모가 크다. 미래가 증명해주겠지만 내 견해로는 이곳이 대한민국에서 가장 비싼 휴양지가 될 것이다. 평균 수심이 100미터인 이 호수는 저수량이 무려 30억 톤에 가깝다고 한다.

충주에 사는 누나 부부의 안내로 우리가 도착한 곳은 청풍호의 호반 케이블카, 산과 호수를 동시에 파노라마로 감상할 수 있는 장소였다. 청풍호의 호반 케이블카는 청풍면 물태리에서 비봉산 정상까지 2.3킬로미터 구간을 운행하는 케이블카이다. 등산을 할 수 없는 아버지에게는 신의 한 수와 같은 등산 수단이었다. 바닥이 투명한 유리로 된 케이블카는 우리 모두에게 9분간의 짜릿함과 즐거움을 주었다. 케이블카의 정상은 충주호(청풍호) 중앙에 위치한 해발 531미터의 비봉

산인데 '봉황새가 알을 품고 있다가 먹이를 구하려고 비상하는 모습'을 닮았다 하여 붙여진 이름이다. 정상에서의 조망은 사방이 짙푸른 청정 호수로 둘러싸여 있어 마치 넓은 바다 한가운데 있는 섬에 오른 듯한 느낌을 준다. 정상에 올라가니 봄빛 머금은 푸른 바람이 만든 호수와 산자락이 우리를 무제한으로 반겨주었다.

아직 지지 않은 벚꽃이 만발한 비봉산의 산세는 장쾌하고 아름다웠다. 우리 모두 즐거움에 웃을 수밖에 없었고 그 광경에 도취해버렸다. 물아일체, 무아지경 그 자체였다. 벚꽃이 흩날리는 4월에 94세의 아버지와 64세의 아들이 함께하는 여행은 화창한 날씨와 아름다운 사람들 그리고 비봉산과 충주호 전체에 펼쳐지는 맑고 푸른 바람이 만든 청풍 절경으로 시작되었다.

5. 참 아름다워라

아버지는 조금도 피곤한 기색이 없으셨다. 운전석 옆의 가장 좋은 자리에서 경관을 보며 즐거워하는 모습은 북한의 정주 두메산골의 천진스럽고 해맑은 소년의 모습이었다. 94세가 된 노인의 모습은 전혀 보이지 않았다.

벚꽃이 한창 피어 꽃 터널을 만들자 그것을 질투하는 꽃샘바람이 그 가지를 흔드니 꽃눈이 되어 날린다. 꽃길이 끝나는 곳에 파란 하늘이 열리고 태양은 오늘도 봄을 마음껏 축복하고 있었다. 제천의 벚꽃은 아직도 한창이었다. 청풍 호반도로의 꽃길을 따라 꽃 터널을 통과하나 했더니 범상치 않은 바위들이 솟아 있는 기암괴석의 금월봉이 보인다. 그 모양이 금강산 일만 이천 봉을 닮았다 하여 '작은 금강산(소금강)'으로 불린다고도 했다. 어디서 날아온 것도 아닐 텐데 꽃길을 지나가다 만난 그 모습은 다른 별에 온 듯한 느낌마저 들었다.

금월봉 바위 아래 만발한 붉은 명자꽃이 생뚱맞게 우리를 유혹하며 그 자태를 뽐내고 있었다. 제천의 산은 아름다운 봄꽃들로 향연을 연출하고 있었다. 관광특구로 지정된 이 장소는 보기만 해도 소원이 이루어진다는 신령스러운 장소로서 그 모습이 예사롭지 않아 보였다. 애리조나주에 있는 세도나Sedona의 붉은 바위산 못지않게 기가 센 곳 같았다. 봉우리 봉우리마다 닮은 모양이 연상되는 만상(萬像)을 갖춘 바위들이 하늘을 향해 합창하는 듯했다. 과연 제천은 천혜의 산과 경관을 가진 고장이었다.

우리가 탄 차는 '와우'를 연발하며 산 계곡을 따라 산등성이를 넘어 굽이굽이 단양으로 접어들었다. 우리가 도착한 곳은, 수직 수평으로 쪼개진 암석들의 틈새가 확실한 절리면(節理面)들이 마치 수많은 책을 쌓아 놓은 모습을 하고 있어 '사인암(舍人巖)'이라고 부르는 단양팔경의 하나였다. 사인암을 끼고 굽이쳐 흐르는 계곡을 '운선구곡(雲仙九曲)'이라고 하는데, 사인암 가까이에는 단양팔경 중 상선암, 중선암, 하선암을 잇는 삼선구곡(三仙九曲)도 위치하고 있다. 사인암의 바위 정상에는 소나무들이 아름다운 모습으로 우뚝 솟아 있고 수직 절벽의 바위틈에도 마치 분재 같은 소나무가 자라고 있어 사인암의 석벽과 조화를 이루고 있었다. 직접 본 적은 없지만 단원 김홍도가 사인암을 그려 더욱 유명해졌다는 얘기도 전해진다. 많은 화가가 스케치하러 이곳에 오는데 이날도 물소리를 들으며 사인암을 그리는 작가들의 모습을 쉽게 발견할 수 있었다. 빼어나게 아름다운 큰 소나무들이 멀리서 보면 마치 분재처럼 서 있는 장면들은 우리나라에서만 볼 수 있는 유일한 경관이었다.

이버지에게는 치에 오르고 내리는 것이 쉬운 일이 아니겠으나, 좋아하는 사람들과 함께 다니는 것만으로도 충분히 행복한데 당신의 눈앞에 펼쳐지는 아름다운 봄의 향연을 함께 감동하며 공유하는 것은 더 큰 축복이라고 생각하시는 듯했다. 좋은 것을 보실 때마다 맛있는 것을 드실 때마다 먼저 보낸 아내와 막내딸을 생각하고 계실 것 같아 마음 한편으로 염려도 되고 울적했지만, 아버지의 깊은 믿음과 소망에 누가 될까 봐 어느 누구도 먼저 얘기를 꺼내지 않았다. 오늘은 아버지의 맑은 눈가에 펼쳐지는 아름다운 것들과 이 분위기에 취해 입가에 번지는 미소만 생각하기로 했다.

<명자꽃>, Acrylic on Wood, 12×12인치

6. 마음의 고향

우리가 탄 차는 어느덧, 이른 저녁이 예약되어 있는 식당에 도착했다. 잠깐 졸았다. 반 시간 남짓 단잠을 잤더니 머리가 다시 맑아졌다. 시차로 인해 어쩔 수 없이 차만 타면 저절로 눈이 감기는 것을 보니 더이상 몸이 견디지 못했나 보다. 작년 가을 아버지와 둘만 여행할 때는 진한 커피와 카페인 알약을 먹어가며 운전을 했는데, 이번 여행은 간혹 매형이 운전해주는 덕분에 차에서 잠깐이라도 잠을 잘 수 있어 너무나 감사한 여행이다. 은퇴 후 새로 발령받은 충주의료원 중책으로 바쁠 텐데 일부러 시간을 내어 함께 여행안내를 해주는 매형에게 감사하는 마음으로 이 여행을 즐기고 있다.

우리가 도착한 식당은 누님이 며칠 전에 예약해놓았던 특별한 식당이었다. 이곳은 꿩 요리를 전문으로 하는 곳이었다. 수안보 근처의 충주 지역에 꿩 양식장을 가지고 있는 꿩 전문 식당이었다. 꿩고기는 처음이라 호기심을 갖고 들어섰다. 약사 출신인 사장님이 꿩고기는 암 치료에 좋다면서 직접 메뉴 자랑과 함께 자기소개를 했다. 꿩 사시미부터 꿩 샐러드, 꿩 만두, 꿩 산적, 꿩 샤부샤부 등 다양한 코스 요리를 먹을 수 있었다. 비위가 약한 아버지도 몇 번째 오셨던 곳이라 맛있게 드셨다. 깔끔한 맛과 저염으로 준비해 내게도 군더더기 없는 단백한 맛이 일품이었다.

모두가 즐기면서 잘 먹고 나니 나른해지고 드디어 피로가 엄습해왔다. 피로도 해소할 겸 긴 하루의 마지막 코스인 수안보 온천으로 갔다. 우리가 간 곳은 아버지가 좋아하시는 노천탕이 있는 곳이었다. 이곳은 어머니가 살아 계실 때 요양원에서 모시고 간 적이 있는 온천이다. 미국에서 충주로 오신 지 얼마 안 되셨을 때 힘든 몸으로 누님과 온천물에 들어가시면서 어머니가 감격의 눈물을 흘리셨다는 그곳이다. 탕 속에 들어가 눈을 감으니 온천욕을 좋아하셨을 어머니 모습이 떠올랐다. 어머니는 그때 누님에게 "내 생애 이런 온천에 다시 올 줄은 꿈도 못 꾸었다."고 말씀하셨다고 했다. 얼마나 좋으셨으면 감격하셨을까……. 미국에서 파킨슨병으로 고생하실 때, 걷다 넘어지셔서 고관절 수술 후 재활원을 거쳤는데 시설이 부실했다. 나는 악화되는 건강을 보다 못해 큰누님이 계신 충주로 모시고 왔었다. 어머니의 건강은 하루가 다르게 좋아지셨고 온천까지 함께 올 수 있었던 때였다.

나에게 충주는 더이상 낯선 곳이 아니다. 어머니와 함께 다녔던 길, 장소, 병원, 식당, 점점 작아지는 아버지의 등을 비누로 밀어드리며 마음 울컥했던 수안보 온천까지……. 시간이 지나면 지날수록 새록새록 어머니와 아버지와의 추억이 더욱 살아날 이곳은 언제든 돌아오고 싶은 마음의 고향이 되었다.

<**시골집**>, Water and Acrylic on Canvas, 12×16인치

7. 감성 여행

화창한 아침이다. 하늘도 우리를 위해 가장 좋은 봄날을 예비한 듯했다.

오늘은 미국에서 준비해온 재료로 아침을 준비했다. 이렇다고 할 만한 특별한 것은 없었다. 내가 여행 중에 여기저기에서 먹어본 것들을 상상하면서 가지고 있는 재료들로 만드는 경우가 대부분이었다. 가지고 있던 것 중에 이모부가 사 오신 태극당 빵과 생과자들, 누나가 준비해놓고 간 참외와 토마토, 딸기가 냉장고에 있고 우유와 버터가 있었다. 뉴욕에서 올 때 가져온 재료는 치킨 브로스Chicken Broth, 선 드라이 토마토 페이스트Paste, 파마산 치즈, 엔쵸비 페이스트, 그리고 페투치니Fettuccine : 길고 넓적한 모양의 이탈리아식 국수와 푸실리니 파스타, 몬트리올 스테이크 소스 믹스. 그것이 전부였다. 모두 건조된 상태이거나 치약 튜브처럼 페이스트로 되어 있는 재료들이다. 이것이 오늘의 재료들이다. 페투치니가 들어간 맛있는 수프를 만들어 아침을 준비하기로 했다.

1. 우선 치킨 브로스를 물에 풀어 토마토를 잘게 썰어 끓인 후 우유와 파마잔 치즈를 넣으면 기본은 완성이다.

2. 페투치니를 짧게 부수어 끓는 물에 오 분만 끓이다가 건져낸다.

3. 드라이 토마토와 엔쵸비 페이스트를 조금 넣고, 반 삶은 페투치니를 미리 준비한 기본 국물에 넣은 후에 연한 불로 3분 정도 더 끓이면 완성이다.

태극당 생과자와 빵과 함께 먹으니 나름 고급스러운 아침 식사가 되었다. 고소하고 흥건한 크리미 수프는 연한 핑크 빛을 띠었고 고소한 냄새와 함께 입맛을 돋우었다. 소시지나 닭가슴살이 있었으면 더 좋았겠으나 짧게 부순 알덴테 페투치니가 식감을 받쳐주어 그런대로 먹을 만했다. 토마토와 딸기 그리고 참외를 썰어 후식으로 먹으니 금상첨화였다. 아버지와 이모부는 대만족이셨다.

아침 먹은 자리를 정리하고 있는데 누나에게 전화가 왔다. 오늘 일정은 어머니를 모신 납골당에 들러 인사드리고 충주호를 끼고 돌아가는 멋진 드라이브를 하면서 <오대호 아트 팩토리>에 가는 것이라고 했다. 누나네 집이 어머니가 계신 천상원으로 가는 길목이라 먼저 누나네 집에 들러 그간 잘 가꾸어온 정원과 매형이 취미로 키우는 표고버섯 농사도 보고 싶었다. 만개해 있을 복숭아꽃도 궁금했다.

누나네 집은 계명산 꼭대기의 충주의료원 바로 옆에 있는 산동네에 있다. 충주시가 한눈에 들어오는 멋진 정원을 지나 언덕을 오르니 매형이 몇 년 동안 손수 깔아 놓은 돌바닥들이 나란히 길로 만들어져 있었고 그 길을 따라 좌우로 각종 약초와 나물들이 자라고 있었다. 나는 나물들에 관해서는 문외한이지만 매형은 시골 사람처럼 그 자리에서 나물을 따서 나물 이름과 함께 나에게 먹어보라고 했다. 매형의 자연스러움에 잠시 놀랐다.

매형은 서울 태생으로 완전 아스팔트 출신이다. 충주에 있는 건국대학교 의과대학 교수로 부임하면서부터 이 고장과 인연을 맺었는데 이젠 완전히 시골 사람이 다 되어 있었다. 부부가 흙장난을 좋아해서 대추나무 감나무 밤나무 포도 심지어는 표고버섯도 재배하고 있었다. 텃밭에는 곤드레, 산마늘, 곰취 등의 산나물과 각종 유기농 채소를 함께 재배하고 있었고 전자동 관개 시설도 갖추고, 그 동산을 아방궁처럼 가꾸며 재밌게 살고 있었다. 몇 년 전, 밤 수확 시기에 모자라는 일손을 도운 적이 있었다. 손이 많이 가는 일인데도 그것을 마다하지 않고 취미 생활을 하는 누나 부부의 삶이 행복하고 건강해 보였다.

아버지가 미국에 사시던 시절, 심장 수술을 마치고 회복 중이실 때였다. 어머니와 나 그리고 아버지 셋이 손을 잡고 동네 공원에서 아버지의 걷는 운동을 돕고 있었다. 거기에는 취나물, 미나리, 달래, 도장 나뭇잎, 옷순, 두릅, 돌비늘 나물, 고비 등등……. 귀에 익은 산나물들이 많았다. 아버지는 모르는 풀 이름이 없었고 그냥 지나치는 나무 이름이 없었다. 산골 출신인 아버지의 설명에 존경의 눈길로 쳐다보시는 어머니의 시선이 불현듯 생각났다. 그때 눈주름 사이로 어머니의 해맑은 눈빛은 사랑으로 가득 차 있었다. 아버지를 알게 모르게 늘 응원하시던 어머니도 아버지와 함께 집에서 텃밭을 가꾸셨다. 아버지는 산천초목으로 둘러싸인 매형네 집에만 오면 얼굴에 화색이 돈다. 아버지는 자연 속에서 살던 미국 생활이 그립고 그때의 감성이 다시 살아나시는가보다. 미국에서는 떠나온 산천, 북한의 정주 두메산골을 추억하셨고 지금은 떠나온 미국이 늘 궁금하고 그리우신가보다.

인생이란 둥지를 떠나는 연습이며, 그 반복 속에서 늘 지난 시절을 그리워하며 사는 삶의 연속이다. 그런 가운데 우리는 추억이라는 감성이 머무는 곳에 정을 붙이며 또 새로운 둥지를 틀며 살아간다. 자연의 섭리 앞에 매일 소망을 품고 믿음으로 살아가는 것이다. 계명산에서 내려다보는 충주는 아담하고 소박했다. 오늘은 구름 한 점 없는 하늘 아래에 놓여 있는 평화로운 예쁜 새 둥지 같았다.

<소망>, Acrylic on Canvas, 24×36인치

8. 공감과 추억

충주 천상원, 이곳은 어머니가 계신 봉안당이다. 충주시가 운영 관리하는 곳인데 충주호를 끼고 있는 산기슭의 경치가 수려하며 호수를 향한 풍광이 풍수지리에 문외한인 내가 봐도 입이 딱 벌어지는 장소이다. 아직 지지 않은 벚꽃나무들이 합장을 하고, 파란 하늘가에 떠 있는 작고 큰 솜구름과 포근히 풀린 봄 이파리의 연한 나뭇잎들이 오묘한 새소리와 어울려 봄기운을 모으는 곳이다. 오늘은 어머니의 자애로움이 따스하게 느껴졌다.

어머니께 인사를 마친 후 우리 일행을 실은 차는 충주호반을 끼고 종댕이 길을 미끄러지듯 내려가고 있었다. 봄기운은 여기저기서 우리를 감싸고 있었다. 하얀색 분홍색의 꽃눈이 흩날리는 그 길은 영화 속 한 장면을 연상케 했다. 영화보다 더 영화 같은 장면이었다. 평화로이 흐르는 남한강의 기운을 따라 내려오니 가까이 충주댐이 보인다. 봄의 감성으로 충만한 우리 일행은 순풍에 큰 돛을 단 목선처럼 충주호 위를 떠가는 듯했다. 우리 일행은 오래 기억할 예쁜 추억을 함께 만들고 있었다.

한국은 산이 많은 나라이다. 여기도 산 저기도 산, 그 이름만 적어도 두꺼운 공책 한 권은 채울 것 같다. 산만큼 많은 것이 아파트이다. 땅이 작은 나라라 어쩔 수 없었을 것이다. 새마을 운동이 한창이던 당시, 파란 슬레이트 지붕 집들을 생각하면 눈부신 발전이었다. 아직도 남아 있는 시골집들의 풍경 속에 간혹 보이는 정겨운 파란 슬레이트 지붕 집들이 반갑지만, 그것은 오랜만에 찾는 여행자의 이기적인 추억일 뿐 새로운 아파트를 선호하고 삶의 질을 높여 가고 있는 모습을 보는 즐거움이 더 컸다.

점심 시장기가 느껴질 때쯤 우리가 도착한 곳은 시골 한 길가에 있는 된장찌개를 파는 작고 오래된 식당이었다. 아는 사람들만 찾아간다는 맛집이었다. 메뉴도 따로 없는 듯했다. 그러나 소박한 백반 식단이지만 밥도둑이라고 해도 될 만한 맛있는 된장찌개는 일품이었다. 이런 식당을 단골 식당이라고 부른다. 손님과 주인이 서로 격의 없는 오랜 지기가 되어 있으니 그 분위기가 벌써 남다르다. 단지 신을 벗고 들어가는 식당이라 아버지가 앉기가 불편하시다는 정도. 자리를 잡으니 이미 예약이라도 한 것처럼 식당 주인은 아버지를 위해 목욕탕 의자 높이의 안장을 준비해주었다.

내가 처음 충주에 방문한 것이 불과 몇 년 전인데 그때만 해도 신을 벗고 들어가는 좌식 식당이 많았다. 오래된 맛집들은 대부분 그랬다. 겨울에는 바닥이 따뜻해서 좋았지만, 거동이 힘든 어르신들에게는 불편하고 요즘같이 코로나가 유행일 때는 사실 바람직하지가 않은 세팅이다. 지방 자치시에서는 의자 테이블식 식당으로 바꾸기를 권장하여 의자 테이블식으로 바꾼 식당에는 보조금을 지급하고 있다고 했다. 몇 년 후가 되면 오히려 신 벗고 들어가는 식당을 찾기가 힘들 것 같다.

파란 슬레이트 지붕 집들이 사라지고 산기슭에 아파트가 들어서고 식당이 의자 테이블식으로 바뀌고 먼지가 나던 한길 비포장 시골 도로가 검푸른 아스팔트 위의 노란 선이 선명한 포장도로로 바뀌어 간다. 모든 것이 새롭게 좋아지고 편리해지고 있다. 과거와 현실의 역함수 관계 속에서 새로운 것을 반기고 옛것을 추억하며 우리는 늘 그리움과 공감 속에 살아가고 있다.

9. 두 사내의 힐링 여행

내가 어릴 때 아버지는 군인이어서가 아니라 완벽을 원하는 엄격한 분이었고 무서운 분이었다. 그런 와중에 해외 장기 파병 근무까지 하시는 경우에는 부자간 이해의 격차가 더 벌어질 수밖에 없었다. 아버지는 나에게 잘해주셨지만 나는 응석 한번 부려보지 못했다. 방학 때만 아버지를 뵈었던 나는 아버지의 눈높이에 늘 못 미쳤던가보다. 어린 나는 아버지의 눈치를 보았고 혹시나 야단맞지 않을까 늘 마음이 무거웠다. 어머니는 늘 중재자의 위치에서 아들에게 아버지의 존재를 올바로 인식시키기 위해 많은 노력을 하셨다. 우리에게 아버지가 얼마나 중요한 분인지를 말씀해주었던 것 같다.

그런 유년기를 보내다가 중학생이 되자 아버지는 예편하시고 먼저 미국으로 일을 하러 떠나셨다. 감수성이 풍부했던 사춘기 시절, 아버지의 부재는 내 인생에 어떤 공백을 남겼는지 가끔 생각해본다. 당시 아버지와 떨어져 있던 5년이란 시간은 나에게는 특별한 변화의 시간이었다. 나는 아버지를 막연히 그리워하기도 했지만 다른 한편으로는 아버지의 부재가 싫은 것만은 아니었다.

인생은 병 주고 약 주는 생활의 연속이고 화와 복이 엇갈

리며 오고가는 과정이다. 내게는 늘 외아들이라는 딱지가 장점이면서 동시에 단점으로 작용했었다. 우리집은 나를 빼곤 모두가 여자들뿐이었다. 나는 귀한 외아들 대접을 받고 자랐다. 그런 가운데 어머니는 아들을 남자답게 집안의 기둥으로 키워야 한다는 잠재의식이 강하셨던 것 같다. 그런 압력이 늘 나의 일상에 서려 있었다. 일찍 어두워지는 추운 겨울에는 누나들을 마중하기 위해 버스 정류장까지 억지로라도 나가야 했던 기억이 있고, 그럴 때마다 어머니는 너는 이 집의 기둥이고 아버지 대신이라는 말씀을 하셨었다.

나도 아이들을 다 키우고 손주들이 자라는 것을 보는 나이가 되었으니 감히 얘기할 수 있다. 태어나 '응애' 하며 우는 비언어 시기가 지나면 걷고 뛰면서 몸짓으로 '징징'대는 시기로 들어선다. 그러다 언어능력이 발달하고 말로 의사 표현을 할 때가 되면 말도 따라 하고 말 대답도 하기 시작한다. 남자아이는 엄마의 신체가 자신과 다름을 알게 되고 여자아이는 아빠를 보면서 아빠가 자신과 다른 이성임을 구분하게 된다. 이때 남자아이들은 엄마를 이상화하고 신비화시킨다. 그 품의 따뜻함과 편안함을 이성으로서 평생 잠재적으로 기억하게 된다.

아버지의 역할이 여기서부터 본격적으로 나타나는데, 아

버지는 주로 가정의 규범과 질서를 만들고 아들에게 표현과 행동을 제한하는 금지령을 내리는 악역을 맡게 된다.(이 대목을 두고 프로이트는 오이디푸스 콤플렉스를 이론화했던 것 같다.) 아들의 입장에서는 아버지의 명령과 제한이 학대와 두려움으로 느껴졌을 것이고, 아버지는 집안의 절대적 권위자로 등극하면서 어머니는 중용의 선을 조절하는 역할을 하게 된다. 그러던 어느 날 우연한 상황이 찾아온다. 그 권위자에 대한 감정을 극복하기도 전에, 그분이 오히려 보호를 받던 나의 위치에 계시다는 것을 불현듯 느끼면 연민과 아쉬움과 애달픔을 맞게 된다. 아버지의 뒷모습이 작아지고 걷는 모습이 어눌해지면 아들의 회심(悔心)의 시간이 비로소 시작된다. 부모로서 자식에게 일정한 가치를 전달하는 과정에서 그것이 과하면 병이 되고 약하면 문제가 된다. 그것이 부모의 고민이었다는 것을 스스로 알게 된다.

이 여행은 오히려 내가 힐링을 받는 여행이다. 아버지와 내가 함께 떠나는 여행은 그간 내가 잘못 생각했던 것들에 대한 회심의 여행이고 나와 아버지를 늘 중재하셨지만 먼저 하늘나라에 가 계신 어머니를 기념하는 두 사내의 숙명적인 힐링 여행이다.

10. 지금 알고 있는 걸 그때도 알았더라면

"부모가 날 얼마나 사랑하는가를 알고 그들이 내게 최선을 다했음을 믿었으리라."

유명한 킴벌리 커버거Kimberly Kirberger의 시, <지금 알고 있는 걸 그때도 알았더라면>의 일부분이다. 그럴 수 없었던 것이 아쉽기도 하지만 그때 알았더라도 무엇이 크게 달라졌을까? 인간의 간사함은 인간의 한계이다. 우리는 알면서도 결국 또 다른 후회를 하는 인생을 살았을 것이고 어떤 일을 하지 못했다고 해도 그것은, 몰라서 하지 못한 일이 아니라 게으르고 이기적이라서 못한 일이었을 것이다. 그러나 세상에는 내가 되어보기 전에는 정말 모르는 것이 있다. 그것은 부모의 마음이다.

우리가 된장찌개를 맛있게 먹고 찾은 곳은 충주에 있는 <오대호 미술 공장>이었다. 그곳은 특별한 미술관이다. 아상블라주assemblage 작품을 보여주는 미술관이다. 아상블라주는 정크 아트junk art라고 불리기도 하는데 소명을 다한 후 버려지는 것들을 모아서 오브제로 선택, 재구성하여 새로운 가치를 부여해 생명이 있는 작품으로 전환시키는 예술의 한 형식이다. 그 '미술 공장'에는 길이나 고물상에서 수거한 잡다

한 문명의 파편들을 다소 즉흥적이고 직관적인 감성에 의존한, 매우 다양한 오브제의 형상으로 제작해 놓았다. 폐품을 자르고 붙이고 용접해서 한데 섞어 형상화하거나 추상적 의미로 살아 있는 예술로 승화시킨 작품들이었다. 로봇 태권브이부터 굴러가는 꿈의 자전거에 이르기까지 대단한 규모의 뮤지엄이었다.

폐교를 이용해 만든 이 장소의 의미는 예술적 의미, 사회적 의미를 뛰어넘어 철학적인 면이 더 큰 것 같았다. 소멸되어가는 것들을 다시 생명으로 태어나게 하여 어른과 아이들이 즐기고 구경할 수 있는 이런 공간으로 꾸몄다는 것은 실로 대단한 일이다. 내가 오래 산 미국이나 자주 가는 유럽에서도 이런 장소를 본 적이 없다. 제대로 소개한다면 미술의 한 장르를 한곳에서 실감할 수 있는 세계 제1의 '정크아트 뮤지엄'으로 등극할 만한 규모와 매력을 충분히 지니고 있었다. 더욱이 이곳은 폐교 건물을 개조해 만든 실내 전시장과 아동들의 실습장도 갖추고 있었다. 운동장에는 재활용품을 활용하여 완성한 키네틱 아트(작품이 움직이는 예술) 작품들이 남녀노소가 놀이로서 즐길 수 있도록 만들어 놓았다. 아이들에게는 꿈을 키워주고 재활용의 기회를 깨닫게 하는 의미 있는 테마파크였다.

고물을 이용해 탄생시킨 자전거는 아버지를 모시고 탈 수 있었다. 동심으로 돌아가 아버지와 나는 그 시간을 마음껏 즐겼다. 아이들이 즐거워하는 모습처럼 노인 둘이 자전거를 함께 타는 모습이란 상상만 해도 즐거운 일이었다. 아버지는 생각 밖으로 너무 좋아하셨다. 예전 같았으면 사양했을 자리인데 아들이 “같이 타시죠.” 하니까, 연신 싱글벙글이셨다. 불편한 자전거 의자인데도 그것을 무릅쓰고 앉으셨다. 문득 이런 생각이 들었다. ‘지금 알고 있는 걸 그때도 알았더라면 사양하실 때 조금 더 우겨서 태워드리고 사드리고 즐겁게 모셨어야 했는데 나는 그러질 못했구나.’ 하는 후회가 들었다. 살기 바쁘고 아이들 키우기 바쁘다는 핑계로 부모님의 사양을 곧이곧대로 사양으로 받아들였던 것에 대한 부끄러움이 밀려왔다.

에필로그

나이 50이 되면 시간이 시속 50킬로로 가고 나이 70이 되면 70킬로로 간다는 자동차와 인생 속도를 비유한 말에 공감하지 않는 사람은 없다. 어릴 때는 시간이 너무 느렸다. 빨리 어른이 되고 싶었다. 청년이 되고 독립을 하고 남편이 되고 아버지가 되고 싶었다. 그러면서도 속도의 감각을 느끼지 못할 정도로 정신없이 바쁜 일상을 살았다. 시간은 때로는 화살처럼 빠르기도 하고 때로는 한낮에 찌는 더위처럼 더디게 가기도 하지만, 어느덧 나도 아버지가 되어 있었고 할아버지가 되어 있었다. 세상에 많은 관계가 있지만 아버지와 아들의 관계는 많은 이야기와 생각을 품게 한다. 부자간은 예나 지금이나 세대 간의 갈등, 이해와 오해의 한계가 만든 기대와 긴장감, 서로 사랑과 인정을 원하면서도 서로를 밀어내는 애증의 드라마이다. 아버지도 아들이었고 아들도 아버지가 되는 설정은 성숙해지는 과정을 보여주는 운명적인 수순이기 때문이다.

아버지와 아들은 서로에게 거울 같은 존재이다. 아버지와 아들은 서로 과거경(과거를 보는 거울)과 미래경(미래를 보는 거울)이 되는 관계다. 아버지와 아들이 부딪치는 부분도 그

맥락이고 어느 관계보다도 묘하고 머쓱한 것도 그 이유일 것이다. 흔히 말하는 세대 차이 때문만은 아닐 것이다. 그 거울 속에서 느끼는 갈등의 시기가 있는가 하면 그 갈등도 아련해지는 시기가 오면 아들은 아버지의 모습에서 자신의 미래를 본다. '그럴 수밖에 없었던 아버지'를 이해하고 '지금 알고 있는 것을 그때도 알았더라면'과 같은 후회의 독백을 비로소 하게 된다. 지각의 거울이 점점 닦여지고 선명한 형상이 보이기 시작할 즈음, 나도 이미 육순이 훨씬 넘어 이미 결혼한 두 아들의 아버지가 되어 있었다.

아버지는 나에게 더이상 꾸중도 걱정도 없으시다.

"네가 알아서 하면 되지 뭐.", "네 생각과 같아."

훈계 대신 긍정과 믿음으로 조건 없이 나를 신뢰하는 아버지를 대하는 아들의 마음이 편치만은 않다. 아버지와의 긴장과 갈등이 없어졌다기보다는 아버지가 자신을 너무 내려놓으시는 듯하여 왠지 미안하고 애달프다. 요즘은 매일 아침 잠언서 한 구절을 보내주신다. 솔로몬의 지혜를 택하신 것 같다. 걱정 대신 보편적인 진리인 잠언의 지혜로 평범한 일상을 전하시고 싶은가 보다. 잠언을 등대 삼아 당신의 부재중에도 영원히 남을 지혜로 아들의 남은 인생 항해를 돕고 싶으신 것이다.

언젠가는 내가 아버지 나이가 되어 내 아들과 함께 떠나는 여행을 꿈꿔본다. 생각만 해도 행복하다. 공감과 도전, 진솔한 이야기, 목적이나 가르침이 없어도 배울 수 있고, 말이 없어도 다 이해가 가는 그런 여행의 시간이 오기를 바란다. 그래서 100세를 바라보는 아버지와 칠순을 향해 가는 아들의 여행은 더 특별한 것 같다. 함께 가야 하는 길을 이미 알고 있고 지나온 길의 자취를 서로 공감하며 그리움과 추억을 찾아 함께 떠나는 더욱 특별한 여행이기 때문일 것이다.

<어머님의 보물 1호>, 유화

어머니의 보물 1호이다. 이 그림은 내가 고등학교 3학년 때 건강상의 문제로 학교에 가지 못할 때 그렸던 유화이다. 내가 결핵성 임파선이라는 병을 앓고 있을 때였는데, 어머니는 나보다 마음고생을 더 하셨다. 미국에 올 때, 많은 그림을 버렸지만 어머니가 아들 모르게 챙겨오신 유일한 그림이다. 오일 페인팅의 냄새가 아직도 나는 듯하다. 이 그림을 보면 기름 냄새가 진동하고 붓을 닦던 그 공간이 떠오른다. 나는 이 책과 그림들을 어머니께 헌정한다.